教海探航：校园足球技术教学与训练研究

汪洋◎著

中国言实出版社

图书在版编目（CIP）数据

教海探航：校园足球技术教学与训练研究 / 汪洋著
. -- 北京：中国言实出版社，2023.4
ISBN 978-7-5171-4426-7

Ⅰ．①教… Ⅱ．①汪… Ⅲ．①学校体育—足球运动—
运动训练—教学研究—中国 Ⅳ．① G843.2

中国国家版本馆 CIP 数据核字 (2023) 第 049158 号

教海探航：校园足球技术教学与训练研究

责任编辑：果凤双
责任校对：薛　磊

出版发行：中国言实出版社
　　　　　地　　址：北京市朝阳区北苑路 180 号加利大厦 5 号楼 105 室
　　　　　邮　　编：100101
　　　　　编辑部：北京市海淀区花园路 6 号院 B 座 6 层
　　　　　邮　　编：100088
　　　　　电　　话：010-64924853（总编室）　　010-64924716（发行部）
　　　　　网　　址：www.zgyscbs.cn 电子邮箱：zgyscbs@263.net

经　　销：新华书店
印　　刷：三河市华晨印务有限公司
版　　次：2023 年 6 月第 1 版　2023 年 6 月第 1 次印刷
规　　格：710 毫米 × 1000 毫米　1/16　16 印张
字　　数：260 千字

定　　价：88.00 元
书　　号：ISBN 978-7-5171-4426-7

前　言

　　足球是一项以脚为主，控制和支配球，两支球队按照一定规则在同一块长方形球场上互相进行进攻、防守对抗的体育运动项目。足球运动具有对抗性强、战术多变、参与人数多等特点，被称为"世界第一运动"①。

　　足球最早起源于中国古代山东临淄（今淄博市）的球类游戏"蹴鞠"，后经阿拉伯人传至欧洲，逐渐演变发展为现代足球。现代足球的起源地是英国。1848 年，足球运动历史上第一部文字形式的规则《剑桥规则》诞生。1863 年 10 月 26 日，英格兰成立了世界上第一所足球协会，并统一了足球运动的竞赛规则。1872 年，英格兰与苏格兰之间举行了足球史上第一次协会间的正式比赛。1900 年，在第二届夏季奥林匹克运动会中，足球被列入正式项目。

　　校园足球运动的发展对于我国实现体育强国梦具有重要战略意义，同时对我国政治、经济、文化建设起到了积极的促进作用。自 2009 年以来，我国大力发展校园足球，足球事业迎来新的发展高峰。"少年强则国强"，青少年是体育强国梦的关注者、参与者和践行者。因此，发展校园足球是立德树人的根本任务，是培育和践行社会主义核心价值观的重要举措，是发展素质教育引领学校体育改革创新的突破口。校园足球发展要求不断提升，中国校园足球将

---

① 李海随. 小学足球教学策略探讨 [J]. 读与写，2021，18（18）：216.

进入创新发展新阶段。

　　本书以校园足球技术教学与训练为主要研究内容，一共分为七章进行阐述。第一章对校园足球相关概念进行了界定；第二章对校园足球教学与理念发展进行了基础性理论阐述；第三章论述了中国足球教学体系建设；第四章深入研究了校园足球教学设计；第五章论述了校园足球技术与战术教学训练；第六章论述了校园足球训练的身心健康保健；第七章进一步论述了校园足球竞赛组织与规则。

　　因笔者水平有限，书中内容难免有不足之处，恳请广大读者和专家学者予以指点与斧正。

目　录

第一章　校园足球

第一节　校园足球简述

足球运动是一项古老的体育活动，最早起源于我国古代的一种球类游戏，当时被人们称为"蹴鞠"。汉唐两代是中国古代足球最兴盛的时期，那时已发展成为两队直接对抗的竞赛形式。后经阿拉伯人传至欧洲，在英国诞生了现代足球。现代足球因其独特的魅力吸引着世界各国足球爱好者的目光，成为一种集紧张、刺激、激烈于一身的体育运动，在世界范围内具有十分广泛的影响力，足球运动也因此被誉为"世界第一运动"，深受不同年龄受众的喜爱与追捧，尤其是青少年群体。随着信息技术的不断发展，广大青少年可以随时随地观看各类大型国际足球赛事，使得足球的影响力得到进一步扩大，也让越来越多的青少年爱上了这项充满魅力的体育运动。

一、足球的起源与发展

（一）足球运动的起源

关于足球运动的起源可谓众说纷纭，主要有以下三种较为流行的说法。

1. 宗教起源说

这种观点认为足球起源于古代的宗教活动。有些人将足球视为太阳，认为它象征着生命的诞生与延续；还有些人将足球视为野兽的头颅，认为谁能在比赛中抢得野兽的头颅，谁便会在来年获得大丰收，或是能在打猎中有所收获。

2. 游戏起源说

在中国古老的黄河流域，早就诞生了一种古老的运动——蹴鞠运动。据史料记载，我国公元前 15 世纪就曾出现过"足球舞"，考古学家在 3000 多年前的商代甲骨文中看到了蹴鞠舞的有关记载。此外，司马迁的《史记》中也有关于战国时期齐国临淄人蹴鞠活动的历史记载。与此同时，西方国家也有类似关于足球运动的文字记载，比如意大利的一种脚踢运动，意大利文为"giocodelealcio"，是一种类似于足球的运动。总之，无论是蹴鞠还是 giocodelealcio，从本质上看，都是一种个人踢球的娱乐形式，属于一种单人游戏。

3. 比赛起源说

这种观点认为中国人的祖先黄帝是蹴鞠的创造者。黄帝曾经用蹴鞠来训练武士。汉高祖刘邦在宫殿里建了一个开放的校场鞠城，两端都有鞠室。比赛双方进鞠室多者为获胜方。这种形式的竞争与现代足球队之间的竞争形式相类似。比赛双方在竞争的过程中，能够产生强烈的兴奋感，并带来肾上腺素的飙升，令双方愉悦，这种说法更加接近现代足球的基本特征。

虽然关于足球的起源众说纷纭，但是现代足球运动起源于英国的这一说法，得到了大众普遍的认可。据史料记载，中世纪前，在古罗马与古希腊流行一种类似于足球的游戏，名为"哈巴斯托姆"，后由罗马传至英国，并迅速在英国境内传播开来，成为一项广受欢迎的体育运动。然而，当时这种运动还没有一个明确的规则，甚至在游戏中允许使用双手与双脚，可以带球跑动，运动的场所也没有具体的限定，乡村小巷与城市街区都可以是该运动的活动场所。

1930年，在乌拉圭举办了首届国际足联世界杯，简称"世界杯"，该项体育赛事是由全世界国家级别球队参与，象征足球界最高荣誉，具有最高规格、最高竞技水平、最高知名度的足球赛事，每四年举办一届，至今已经成功举办了22届，已经走过了90余载的风雨历程。历届世界杯的赛果具体如下表所示（表1-1）。

表1-1 历届世界杯相关赛况

届数	时间	地点	冠军	亚军	季军
第一届	1930年	乌拉圭	乌拉圭	阿根廷	美国
第二届	1934年	意大利	意大利	捷克斯洛伐克	德国
第三届	1938年	法国	意大利	匈牙利	巴西
第四届	1950年	巴西	乌拉圭	巴西	瑞典
第五届	1954年	瑞士	德国	匈牙利	奥地利
第六届	1958年	瑞典	巴西	瑞典	法国
第七届	1962年	智利	巴西	捷克斯洛伐克	智利
第八届	1966年	英格兰	英格兰	联邦德国	葡萄牙

续　表

第九届	1970年	墨西哥	巴西	意大利	德国
第十届	1974年	德国	德国	荷兰	波兰
第十一届	1978年	阿根廷	阿根廷	荷兰	巴西
第十二届	1982年	西班牙	意大利	德国	波兰
第十三届	1986年	墨西哥	阿根廷	德国	法国
第十四届	1990年	意大利	德国	阿根廷	意大利
第十五届	1994年	美国	巴西	意大利	瑞典
第十六届	1998年	法国	法国	巴西	克罗地亚
第十七届	2002年	韩日	巴西	德国	土耳其
第十八届	2006年	德国	意大利	法国	德国
第十九届	2010年	南非	西班牙	荷兰	德国
第二十届	2014年	巴西	德国	阿根廷	荷兰
第二十一届	2018年	俄罗斯	法国	克罗地亚	比利时
第二十二届	2022年	卡塔尔	阿根廷	法国	克罗地亚

　　世界杯举办至今，不仅深化了世界各国人民的友谊，同时还宣扬了团结、拼搏的足球精神。世界杯的成功举办，不仅为全世界人民打造了一场体育盛宴，同时还为参与国和举办国带来了不同寻常的意义。首先，世界杯与奥运会并称为全世界顶级的两大体育赛事，而且世界杯的影响力与赛事转播覆盖率远超奥运会。其次，世界杯是一种"体育外交"，对各国的政治、经济、文化等方面起到一定的积极作用，各国在这场体育盛会中彰显着国家实力，并且通过这种体育交流与互动，能够缓解彼此之间的矛盾。再次，世界杯可以为举办国带来巨大的经济效益。早在1982年，西班牙举办的第十二届世界杯为该国带来高达63亿美元的旅游收入；2006年，德国举办的第十八届世界杯为德国带来110亿～120亿美元的直接经济收入；2018年，俄罗斯举办的第二十一届世界杯使其GDP（国内生产

总值）增长 0.2%。最后，世界杯的成功举办不仅是对足球精神的一种宣扬，更是宣传国家的有效途径。据《2014 年巴西世界杯数据报告》显示，第二十届巴西世界杯期间，微博是当时网友讨论的首选平台，总讨论量达到 9.14 亿条微博，相关微博的总阅读量达到 297.5 亿，巅峰时期，单场比赛的观看人数高达 5200 万人。[①] 众多足球赛事的举办促使足球的影响力与日俱增，并推动着足球运动不断向前发展。

（二）足球运动的发展

1. 世界足球运动的发展

现代足球运动自诞生之日起，经历了一个漫长的发展过程。1868 年，足球被英国人引入非洲；1870 年，足球进入大洋洲的澳大利亚；1893 年，南美洲首次成立足球联赛；1894 年，足球进入巴西，之后足球运动被传播至亚洲各国。可以说，足球发展至今已经成为一项世界瞩目的体育运动，并受到了全世界人民的欢迎与喜爱。

在现代足球运动的发展过程中，始终伴随着足球技术、战术与规则的不断改进与完善。1846 年，为了使校园间的足球比赛日益标准化，英国剑桥大学制定了足球的简单规则，当时称为《剑桥大学规则》。1863 年，英国足球俱乐部的代表在伦敦举行会议，对《剑桥大学规则》进行了修订和完善，制定了历史上第一部足球比赛规则。随后，由于足球比赛规模和形式的不断变化，足球比赛规则也发生了变化，越位、犯规和处罚规则的制定变得更加具体与全面。足球比赛规则的不断完善，一方面促使足球比赛更加规范，另一方面还促使足球比赛水平得到提高。足球自诞生之初，技战术的内容相对简单，但是随着足球赛事的不断增多，足球的基本技战

---

① 2014 年巴西世界杯数据报告 [R/OL].(2014-08-05)[2018-02-26].http://www.199it.com/archives/262985.html.

术得到了极大的发展。各类精湛的技战术配合开始出现在世界的各大赛场上。足球的发展与足球技战术的不断演变，促使足球比赛的趣味性有所增强，比赛也变得越来越有悬念，引人入胜，令人为之沉迷。随着足球比赛水平的不断提高，其在世界范围内的影响力也与日俱增。

在足球运动不断发展的过程中，涌现出了大批与足球相关的组织，它们的出现是对当今世界足球发展现状的一种客观反映。1857 年，英国第一家足球俱乐部谢菲尔德足球俱乐部的成立，开启了世界足球发展的新时代。随后，英国先后又建立了许多足球俱乐部。随着足球比赛数量的不断增加，急需一个全国性足球组织，制定出统一的国家比赛规则，对足球比赛进行进一步规范。1863 年 10 月 26 日，11 个英国足球俱乐部的代表在伦敦举行会议，成立了世界上第一个足球组织——英国足球协会。1863 年之后，一些欧洲国家也相继成立了足球协会。随着足球比赛的迅速发展，1904 年 5 月 21 日，法国、瑞典、丹麦等七个国家在巴黎成立了一个国际足球组织——国际足联，简称 FIFA，总部设在瑞士苏黎世。从那时起，国际足联的会员国数量也在不断增加。国际足联也由最初的七个成员国发展成拥有 200 多个国家和地区的国际性足球组织。国际足联的出现对足球运动的发展起到了至关重要的作用，尤其对部分世界性的足球比赛产生了一定的影响，极大地推动了足球运动的发展。

足球是世界上最受欢迎的团队运动之一，被誉为"世界第一运动"。如今，各类足球职业联赛在世界各国举行，包括英超、西甲、德甲、意甲和法国联赛，它们并称为欧洲五大联赛。高水平赛事的举办和足球明星球员的涌现，使足球在世界上的地位得到不断提高。在未来的发展中，足球仍将以强大的生命力继续发展壮大。

2. 中国足球运动的发展

19 世纪末 20 世纪初，现代足球被引入中国。19 世纪末，高校足球运动先后在一些教会学校发展起来，诸如上海圣约翰大学和南洋公学、北京协和书院和汇文书院以及广州格致公学和南武公学等。随后武昌、天津、南京、青岛、厦门及杭州等一些沿海城市的教会学校也陆续发展开始校园足球运动。然而，由于近代中国局势动荡，社会政治、经济、文化等各领域发展都受到了严重的阻碍，足球运动在当时的发展也十分缓慢，并且发展水平相对较低。

中华人民共和国成立后，中国足球发展迎来了新的春天。国家对体育运动高度重视，为我国足球事业的发展创造了良好的环境。1951 年，中国举办首届全国足球比赛。1955 年，中国足球协会（简称中国足协）成立。自 1956 年开始，中国足球开始实行甲级联赛和乙级联赛制度，包括运动员和裁判的等级制度，并先后举办了全国足球锦标赛和全国青少年足球锦标赛。自 1978 年开始，全国甲级联赛和乙级联赛的双循环升级和降级制度得到恢复，更加稳定与系统化的竞赛制度得以建立。1992 年是中国足球发展的重要时间点，同年 6 月，中国足球协会在北京红山口召开全国足球大会，会上倡导大力发展足球事业，自此对足球体制进行改革成为首要任务。经过近二十年的发展，我国职业足球体系得以逐步形成。在2012 年的中超联赛中，中国足球得到了来自大连万达等公司的鼎力支持，与此同时，德罗巴、凯塔、巴里奥斯等国际球星的加入也使得中超联赛的比赛水平得到了提升，中国足球逐渐在世界上拥有一定的影响力。据统计，2012 赛季中超联赛的单场平均观看人数达到 18 800 人，位居亚洲第一。中超联赛的火热场面反映了中国足球的发展水平。

虽然中国足球与国际足球相比仍然存在着很大的差距，但是中国足球也已经取得了一些令人赞叹的成绩，拥有着广阔的发展空间。1996 年，中国女子足球队在第 26 届奥运会上获得第二名的优异成绩；1999 年，在女子第三届世界锦标赛上，点球惜败美国队；2002 年，中国男足首次进入世界杯决赛圈，实现了足球冲出亚洲，走向世界的美好愿望；2022 年，中国女足在已经落后两球的不利情况下，在后半场连扳三球，以 3:2 最终比分击败韩国队，时隔十六年，第九次获得亚洲杯冠军。由此可见，中国足球在国家的大力支持下，一定会迎来更加美好的明天。

二、足球运动的价值

（一）健身价值

足球作为一项体育运动，其基本的价值属性便是健身价值。运动员参加一场足球比赛，需要进行传球、接球、奔跑、踢球、急停等各类运动，在此过程中，可以有效地锻炼人体的心肺功能等，促使个体的身体素质得到全面提高。此外，足球运动作为一项户外的体育运动，拥有得天独厚的自然条件，人体在自然环境下进行有氧运动，可以有效地改善体质，滋养身心。具体来说，足球对人体健康的积极作用主要表现在以下几个方面，如表 1-2 所示。

表 1-2　足球对人体健康的促进作用

影响范围	作用方式
神经系统	1.提高神经系统的柔韧性 2.提高神经系统的调节能力
呼吸系统	1.肺活量增加 2.呼吸肌增强 3.呼吸深度增加
肌肉骨骼器官	1.改善肌肉活动的协调性 2.增加肌肉力量 3.骨骼更强壮
心血管系统	1.心血管系统的结构得到明显改善 2.心血管系统机能得到明显改善

（二）经济价值

足球是一项在世界范围内极具影响力的体育运动项目，从诞生之日起直至今日，已经逐步走出了一条具有高度国际化、职业化、产业化的发展道路。这也意味着足球不仅满足了受众的可视化需求，同时也为诸多经济体带来了丰厚的经济效益与不菲的商业价值。

欧美国家的足球产业起步较早，已经拥有了几百年的发展历史，并且已经形成了较为完备与成熟的产业体系，更有甚者已经将足球产业纳入了国民经济的重要组成部分。足球以其巨大的影响力与商业价值，促使相关市场体系得以建立与发展。具体表现在部分极具经济头脑的商业人士，已经通过电视转播、广告、转账、彩票等形式赚得盆满钵满；与此同时，现代足球比赛的普及与发展也促使一些足球赛事的举办国以及体育大国的旅游产业、产品制造业等相关产业得到不同程度的发展。

除此之外，足球运动拥有众多热情的球迷，并且早已形成了一个庞大的球迷市场。球迷市场潜在的商业价值需要通过足球比赛赞助商、足球俱乐部等进行开发，包括衍生出一系列与足球相关的产品，被大批热衷于足球运动的爱好者所收藏。这些足球周边的生产与销售，一方面可以推动国家经济的发展，另一方面又可以推动足球产业实现新发展。

（三）社会价值

足球运动的社会价值主要体现在两个方面：一方面，它代表着一个国家整体的足球运动水平；另一方面，足球是一张体育名片，代表着一个国家的文化乃至一个民族的精神。以巴西为例，每当人们提到巴西，首先联想到的就是世界劲旅巴西国家足球队。每当有国际足球体育赛事举办时，便会在巴西的街头巷尾随处可见身着五颜六色球衣的人们，广场上、酒吧与餐厅内无不聚集着大批前来观看足球体育赛事实况转播的球迷，他们围桌而坐，为自己热爱的球队加油助威。

足球作为一项关注度极高的体育项目，不仅可以给观众带来强烈的视觉感受，同时还可以在一定程度上激发出人们的爱国热情。因此，足球既是一项体育运动，同时也是一种催人奋进的精神力量。从足球运动员的视角出发，参与各类足球赛事，既可以为自己带来一定的经济利益，又可以通过体育赛事实现人与人之间的有效沟通。对于球迷来说，通过足球话题的讨论，可以拉近人与人之间的距离，进而提高个体的社会适应能力。

从国家层面看，通过足球运动可以加强国与国之间的交流与合作。世界各国由于政治立场与政治态度的差异性，使得在各国政要观念上各有不同。然而，两国之间的足球比赛，却可以成为二者之间政治、经济、文化交流的一个重要桥梁。足球运动不仅可以协调社会人际关系，促进国家间的相互了解，扩大对外文化交流，增进友谊与团结，还可以消除沟通障碍，促进国际关系，维护世界和平。

（四）教育价值

由于足球体育运动要求团队球员具备较强的合作精神，以及精湛的技术与灵活的战术，因此被纳入学校的体育教学当中。足球是一项强调团队精神的竞争性运动，将其纳入体育教学，可以有效地培养学生的团队合作精神，对学生树立正确的价值观与集体观念具有重要意义。通过参与足球运动，可以使学生真切地感受到团队合作的力量，明白成功的实现需要依靠团队合作。在足球运动中，个人能力需要通过团队之间的配合才能够得以体现；而通过与其他球员的默契配合赢得比赛，也可以使学生产生强烈的集体荣誉感。除此之外，足球运动还可以有效培养学生的韧性、勇气、百折不挠的毅力和坚韧品质，以及培养学生团结、合作的意识与积极进取的精神等。

在一场足球比赛中，每一名球员都会将勇往直前、顽强拼搏的进取精神充分发挥出来。足球运动可以最大限度地将参与者的民族自豪感与爱国热情激发出来。除此之外，足球作为一项激烈的对抗性运动，难免会出现肢体冲突，甚至打架或其他非理性行为。因此，在开展足球技战术教学的同时，还应当加强学生的思想教育，注重培养学生的团队合作精神，尤其是在足球比赛中，应当严格遵守比赛规则，对自身的行为加以规范。

（五）文化价值

除了上述四个价值之外，足球还具有一定的文化价值。这种文化价值体现在方方面面，既有球迷文化、球队文化，也有国家精神与民族精神的体现，可以说，从本质上看，球队精神就是一个国家与民族精神的象征，而这些流淌在血液里的文化精神，恰恰在激烈的足球对抗赛中充分体现出来，不同的足球队有着不同的技战术，而这些技战术也正是不同文化的产物，具有各自独特的风格与特点。以德国足球队为例，德国人历来以严谨细致的性格特点著称，在足球比赛中，他们也将这种精神发挥得淋漓尽致：作战纪律严明，强调认真严肃的态度等。开放活泼是南美洲人的性格特点，因此他们的球队在比赛时比较注重气氛的营造与个人创造力的发挥，在每一位南美洲人的心中，都有着"踢出一场愉快的足球"的球场信条，他们十分重视个人英雄形象的塑造，强调个人对整场比赛的影响力。此外，南美洲球员还比较注重技术、个性与自由的彰显，因此在比赛中他们往往会令对手感到措手不及。

由此可见，足球运动具有丰富的民族文化内涵，而不同球队风格与特征的形成也会受到民族传统文化、区域城市风尚、球员身体素质、球员心理主观探索等因素的影响，而民族传统文化是影响足球队风格特征的关键因素。

三、校园足球的作用

通过校园足球训练，青少年可以有效提高自身的身体素质。由此可见，校园足球在提高青少年健康水平方面具有特殊价值。从校园足球理念角度出发，在校园内组织师生参与足球比赛活动，其目的在于提高学生身体素质，丰富师生的业余生活，发展足球教育事业。与此同时，校园足球的发展也离不开政策层面的支持。1904 年，英格兰成立英足总校园足球协会，成为全球最大的校园足球协会，其共分为 456 个区块，每个区有一

支 U15 足球队，而郡一级的足球队共有 44 支。与欧洲国家相比，我国的校园足球发展起步较晚，

2007 年，为进一步贯彻落实《中共中央国务院关于加强青少年体育增强青少年体质的意见》（中发〔2007〕7 号）和《国家中长期教育改革和发展规划纲要（2010—2020 年）》，切实提高全国青少年校园足球活动（以下简称"校园足球"）的质量和水平，促进青少年学生健康成长，由体育总局、教育部联合出台了《国家体育总局、教育部关于加强全国青少年校园足球工作的意见》。政策一经推出，便引起了广大民众的热议。舆论一致认为，发展校园足球是大势所趋、民心所向，这也充分体现出了足球回归教育的核心理念，但是外界同时对如何大力开展校园足球产生了巨大的分歧，诸如"校园足球会不会一刀切"、"校园足球会不会成为应试教育"、"校园足球会不会成为一种奥数"等。总而言之，舆论对足球进校园关注度的提高，随着时间的流逝与实践的证明，对当时提出的问题也已经给出了明确的答案。足球运动已经成为校园运动中不可或缺的一部分，对学生的全面发展起着至关重要的作用。

（一）对强身健体的作用

1. 足球促进身体健康

足球作为一项强调系统性、综合性的集体运动，在过程中涉及各种形式的有球与无球活动，可以有效地改善参与者的身体素质。关于足球对青少年身体素质的改善作用上文已提及，因此不再赘述。据 FIFA 的《足球与健康》杂志报道，"足球项目是最好的健康守护者，每周 3 次，持续时间为 1 小时的足球活动能够有效促进身心健康"[①]，据科学调查，适当地参加足球运动可以有效提高身体抵抗力，有效降低患病概率。如有效降低

---

① 郭玉平 . 校园足球游戏 218 例 你我同快乐同分享 [M]. 上海：学林出版社，2016.

心脏病、癌症、中风等常见疾病的患病率，同时还可以起到明显的减肥效果。青少年正处于成长发育的关键阶段，积极参与足球运动可以有效促进骨骼生长。

2. 促进心理健康

青少年处于成长发育的关键期，他们在学习、生活、情感等方面都会有一定的压力，这种压力无形中会影响青少年的心理健康。经调查，常参加足球比赛活动，可以使参与者的自信心不断增强，即便失败也可以使参与者的心理素质得到提高。而且足球活动的运动量相对较大，对抗性较强，可以满足追求成功、积极进取的现代人的心理需求，因此足球获得了大量拥趸的支持，尤其受到青少年群体的追捧与喜爱。若长期参加足球运动，不仅可以培养学生坚毅、勇敢、顽强、胜不骄败不馁的品质和运动精神，还可以在足球运动中实现与同学之间的情感交流，缓解精神压力，提高他们的心理抗挫能力，从而促进心理健康的发展。通过足球体育课程的开设，促使青少年对足球产生浓厚的兴趣，从而积极鼓励他们参与到这项运动中来，以此达到宣泄压力的目的。

3. 提高青少年社会适应能力

足球队球员应当具备团结合作的精神，集体力量应当在足球运动中得到充分彰显。足球运动的每一位参与者都应具备良好的合作能力，同时，这种团队合作能力也可以通过足球运动得以提高与发展。足球运动中所体现的竞争精神与合作意识对于青少年迈入社会、更好地适应社会生活等方面具有积极意义。

因此，青少年参与足球运动，可以有效地增强体质，在培养他们的社会适应能力与提升身心健康方面具有积极的促进作用。

（二）对开展阳光体育的作用

2006 年 12 月 23 日，为了全面贯彻党的教育方针，树立学校教育"健康第一"的指导思想，带动全国数亿学生增强体育锻炼，切实提高学生的身体健康水平，教育部、国家体育总局、共青团中央发布通知，在全国范围内开展亿万学生阳光体育活动。此活动提出"每天锻炼一小时"的口号，旨在帮助青少年形成良好的体育锻炼习惯，有效提高健康水平。从某种意义上看，阳光体育活动的开展，为全体师生建立终身体育的思想奠定良好基础。2009 年，为践行阳光体育，我国开始在全国范围内推广全国青少年校园足球活动，具体原因如图 1-1 所示。

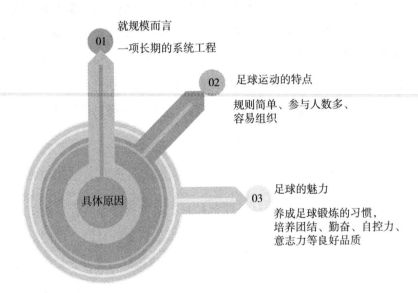

图 1-1　全国青少年校园足球活动在全国范围开展具体原因

全国青少年校园足球工作领导小组办公室制定了十年发展规划，在全国大、中、小学全面推广校园足球活动，与阳光体育活动的基本要求相契合。校园足球规则可以根据学生的年龄与所在地的实际情况进行修改与调整，同时校园足球项目的教材和教学改革还有较大的发展空间，对于学校的组织与实施极为有利。足球运动的独特魅力，吸引着成千上万的青少年参与其中，因为足球运动给人带来的身体上的满足和精神上的愉悦是其他运动所无法比拟的。

总而言之，校园足球是推行阳光体育活动的一种有效途径，一方面体现在校园足球活动规模的不断扩大，以及校园足球活动数量的增加，另一方面还体现在校园足球活动可以作为一种课外体育活动与学校课程的一项重要内容。在国家大力倡导下，阳光体育活动与校园足球活动的开展，在一定程度上可以有效促进我国体育运动的发展。

（三）对培养足球后备人才的作用

校园足球的推动与发展，开创了体教相结合的足球人才培养新模式。此模式改善了原有的以运动队为中心的三级足球后备人才培养模式，促使我国足球知识与技能的普及得到不断推进，是我国培养足球后备人才目标的体现。

通过研究国外足球强国，不难发现：青少年是足球事业的未来，只有夯实青少年足球的基础，才能从根本上有效地提升国家的整体足球水平。当然，足球人才的培养必须遵循足球客观发展规律和青少年身心发展规律。尤其是青少年足球储备人才的培养，因此，校园足球是中国足球振兴的必由之路，对培养中国足球后备人才具有难以估量的意义与价值。

足球后备人才的培养价值体现在两个层次、两个方面，具体如图 1-2 所示。

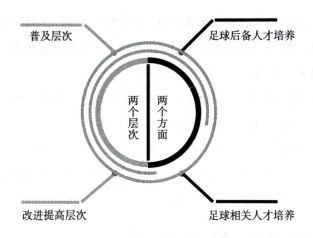

图 1-2　足球后备人才的培养价值体现

两个层次分别为普及层次与改进提高层次。通常来说，普及层次指的是普及足球知识与技能，它是校园足球运动的重点与出发点；改进提高层次是中国足球发展的必然要求。前者是后者的基石。若是没有普及，便无法实现改进与提高。这是一个由量变到质变的过程。若是没有普及，便无法获得进步，更谈不上中国青少年足球后备人才的培养。

两个方面分别指的是足球后备人才培养与足球相关人才培养。其中，足球后备人才的培养主要体现在青少年足球注册人口的明显增加、青少年足球知识的不断丰富、足球技术水平的显著提高以及人才培养体系的初步建立。而足球相关人才培养包括教学、科研、管理等方面的人才培养。

（四）对推进素质教育的作用

素质教育与应试教育都是一种教学模式，而前者已经成为当今社会教育的主流，它更加强调对个体全面素质的培养与提高，旨在培养全面发展的人，具体包括学生的思想道德素质、能力培养、个性发展、身体健康和心理健康方面的发展。

校园足球是实现素质教育的重要途径之一。因为足球运动本身就是一项集德育、智育、体育、美育于一体的综合性教育内容，并且足球这项体育运动，一方面可以有效提升学生的人格素质，另一方面又可以增强他们的集体凝聚力。

从时间角度出发，足球教育不是一个短期教育，而是一种贯穿于人一生的终身教育；从教育本质出发，足球教育是一个集合思想道德素质、能力培养、个性发展、身体素质与心理素质于一体的素质教育，对于社会与个人发展都有着至关重要的作用。

校园足球的学习与训练，可以有效提高青少年的智商与情商，并且教会他们如何与人相处，学会尊重、合作、支持与分享。换句话说，通过足球运动的训练，一方面可以有效提高学生的足球技战术水平，另一方面还可以使他们的思想道德修养与意志品质得到培养，这与我国当代的教育目标不谋而合。

第二节　我国校园足球发展需求点

一、校园足球运动推广仍需进一步加深

（一）抛开传统观念对校园足球运动的推广影响

我国校园足球发展仍处于初级阶段，仍需要深入探索校园足球如何实现有效推广。学校和学生家长对待校园足球的传统观点已经不适用于现有的发展趋势，校园足球想要进一步推广，必须转变以下两种传统观念。

1. 学校和学生家长对校园足球了解不足

足球运动是一项允许身体接触的对抗性较强的运动项目。由于激烈的体育运动极有可能给学生带来身体伤害，因此作为学生的监护者，学校与家长都不希望他们过多地参与危险度相对较高的运动。

2. 学校和学生家长担心校园足球会影响学生的正常学习

受"万般皆下品，唯有读书高"的传统观念影响，体育课程在众多教学课程中的地位相对较低，始终难以引起校方与家长的足够重视，从而在一定程度上影响了校园足球活动的顺利开展。学校和家长更加希望学生将大部分精力运用到文化课的学习中，不想让体育运动占据他们过多的时间与精力，这就造成了校园足球活动只能停留在口号上，而难以取得实质性的进展。

这两种传统观念会对校园足球的进一步发展起到阻碍的作用，我国校园足球正面临着发展的关键时期，必须将校园足球的正确思想价值观传递给学校和学生家长，实现校园足球运动真正深入人心。

（二）资金投入的需求

为了保证校园足球运动能够顺利开展，我国政府部门投入了大量资金，为校园足球活动的发展提供了一定的物质保障。然而，中国是一个人口大国，

有限的资金投入只能起到引导、奖励、融资和担保的作用。根据我国实际情况推算出，每一名参与校园足球活动的学生，每年只能获得资金补助 40 元，而这些钱甚至连一双足球鞋都无法购买。除此之外，校园足球活动中的一个突出问题便是建设足球场地的资金投入问题。

因此，我国校园足球想要进一步发展，稳定的资金投入是亟待解决的问题，仅依靠国家体育总局与中国足球协会的力量是远远不够的，还需要社会各界力量的支持和参与，借助社会多方力量，才能推动校园足球活动不断向前发展。

（三）政策保障需到位

国家体育总局与教育部共同推出的校园足球活动，离不开各级体育

部门与教育部门的支持与配合。通常来说，教育部门与体育部门是两个相对独立的部门，二者之间互不干涉、互不影响，教育部主要负责学校体育的管理，体育部主要负责竞技体育的管理。然而校园足球要想得到有效发展，离不开教育部门与体育部门的通力配合，两个部门要各自发挥优势，在职责上进行明确分工，积极整合各类优势资源，这在一定程度上，要求二者建立良好的合作机制，这样才能确保校园足球活动得到可持续发展。

在校园足球环境条件较差的背景下，按照传统的观念开展校园足球，必然陷入困境。因此，只有国家采取强制手段，从政策层面给予校园足球倾斜，才能扭转校园足球发展的困境。《关于加快发展青少年校园足球的实施意见》提出到 2025 年建设 5 万所校园足球特色学校，应该明确这 5 万所特色学校包括多少所城市学校，多少所农村学校。另一方面，国家政策应该在校园足球师资、经费、场地设施等方面给予保障，以切实打好校园足球的根基，推动校园足球的发展。

高校对校园足球比赛的支持力度不够，使得学生难以通过比赛提高自己的足球技战术水平，教育部门对学校足球教师与教练员在职称晋升、评优评先等方面未体现出足够的重视，导致教师产生一些负面情绪，从而间接影响校园足球运动的发展。

综上所述，我国校园足球活动要想实现长远发展，需要社会各界力量的支持与贡献，与此同时，也离不开教育部门与体育部门的合作，只有这样，校园足球才能实现可持续发展。

二、校园足球运动开展的硬件的需求

通常来说，足球运动对场地和设备的要求相对较高。一旦场地和设备不符合相关要求时，便会影响校园足球的实践训练的效果，同时也很容易给运动员带来不同程度的损伤。虽然我国政府已经在校园足球运动的普及与推广中投入了大量资金支持，但是仍然有部分地区的校园足球硬件设施落实不到位。

足球训练场地的匮乏是制约我国足球运动发展的主要原因之一。正规的足球场地对于日常的足球训练来说极为重要，其使用率相当高，若是没有标准的足球训练场地，将很难实现青少年学生的足球训练水平的提高。随着社会经济的不断发展，足球场地的建设成本也在不断上涨。据了解，目前正规的足球场地大多集中在大学校园，而中小学则几乎没有标准的足球场地，或是足球场地与其他体育设施混合使用，训练设备过于陈旧，并未定期进行维护与保养。这些都严重影响了学生足球训练水平的提高，难以实现全面普及校园足球活动的目标。

三、校园足球运动开展的师资力量需求

下面以中小学为例，就校园足球运动开展所需要的师资力量进行详细的阐述与说明。

校园足球教师是指对学生进行足球指导、教育、训练及管理的专职人员。

通常来说，教师在学生的体育运动中起着至关重要的作用，可以有效地激发学生学习足球的热情与兴趣，帮助学生提高足球的技战术水平等。

（一）校园足球运动师资力量构成与基本介绍

1. 师资力量构成

校园足球师资力量包括足球教师、足球教练员和校园足球指导员。

（1）足球教师。所谓校园足球教师指的是接受过正规足球训练，具有相应的职业教育资格证书，能够向学生传授足球理论知识、足球技能与战术的专业的体育教师。足球体育教师主要负责促进学生身体素质的发展，使学生对足球产生浓厚的兴趣并积极参与其中，帮助学生提高足球训练水平。作为足球教育的实施者，足球体育教师是中小学教师队伍的重要

组成部分。

要想使中小学生的足球训练水平得到有效提高，就要求足球教师必须拥有丰富的理论知识、精湛的足球技能，以及良好的职业素养，只有这样才能促使学生足球训练水平不断提高。

具体来说，足球教师的任务主要包括以下四点。如图 1-3 所示。

将相关理论知识和实践技能传授给学生

教师应负责建立学生对足球的正确认识和价值取向，鼓励学生积极参与足球训练和比赛。

对新课程标准的实现做出决策

科学合理地制定足球课程、教学目标和任务、教学内容和方法、教学评价方法和评价标准。

履行普通教师的工作职责

负责学生的日常管理事务，管理班级纪律，对学生进行思想教育，创造良好的学习环境，准备足球教学活动。

负责足球的科学研究

发表与足球有关的期刊文章，出版与足球有关的教材或作品，在学校、市、省和国家各级开展足球项目的研究。

图 1-3　足球教师的任务

总而言之，足球教师不仅仅是老师，同时还具备多重身份与能力。首先，他应当教会学生基本的足球理论知识；其次，应当采取科学有效的教学方式，激发学生学习足球的兴趣与积极性；再次，在足球教学过程中，要培养学生勇于拼搏、团结合作的精神，树立正确的人生观、价值观与世界观；最后，帮助他们树立"终身体育"的意识与价值观。因此，体育教师要具备较高的职业素养与综合素质。具体来说，包括以下几个方面。

其一，足球教师自身应当具备良好的职业道德与职业素养，从而在足球教学中起到榜样的示范作用；其二，足球教师应当具备丰富的足球理论知识，以及多样化的教学模式，为中国足球事业的发展培养人才；其三，教师应当具备精湛的足球技术水平，从而更好地指导学生取得进步；其四，教师应当具备较高的足球赛事的组织与管理能力，在日常教学中积极组织学生开展足球比赛活动，从而更好地提高学生的足球技术水平；其五，足球教师还要具备一定的教学科研能力，能够从丰富的教学实践经验中总结归纳成理论，与其他教育从业者进行交流与沟通；其六，足球教师应当具备良好的沟通能力与表达能力，从而便于提高教学质量与效率。

（2）足球教练员。在日常的足球训练过程中，直接对足球运动员进行指导的专职工作人员，我们称之为足球教练员。足球教练员除了应当具备丰富的足球理论知识、较高的足球运动技术水平和组织管理能力之外，还应当了解足球的各种训练模式以及教学方法，对学生的思想素质、身体素质、技术水平等方面加以指导，使其综合素质得到提升与发展，加深他们对足球的理解，帮助其牢固地掌握足球运动的各种技战术。

在日常中小学足球教学实践中，足球教练员的主要职责表现为三个方面：其一，负责制定中小学生足球训练的教学方案；其二，负责中小学生日常训练、足球比赛等相关工作；其三，对学生日常训练进行安全秩序的维护等工作。通过上述工作，足球教练员可以有效地帮助学生提高足球技战术水平，提升综合素质，为学校与球队树立良好的形象，同时，也为中国足球储备优质人才，在一定程度上可以促进中国足球事业蓬勃发展。因此，中小学足球教练员在足球训练中具有至关重要的作用。

由于足球教练员在日常训练中担负着各种责任，因此，他们具有多重身份。这在客观上要求他们不仅具备教师的基本技能，还具备有别于足球教师的特殊技能。通常来说，足球教练员与足球教师存在一定的共同点与差异，具体内容如表1-3所示。

表1-3 足球教练员与足球教师的共同点与差异

共同点	差异
任务:根据青少年的年龄、个性、特点和足球方面的基本水平,合理选择足球教学模式、内容和方法,以促进足球教学质量和效率的有效提高。 能力:控制团队的能力;掌握足球技术的能力;计划、组织、实施和管理足球训练和比赛的实际能力;适应足球比赛环境的能力。	1.足球教练员具有选材能力、拓展能力等特殊技能。 2.足球教练员能够讲解实战训练中的一些问题并且提出解决办法。 3.足球教练员有职业级、A级、B级、C级以及D级的等级划分。

足球教练员的特殊技能对其自身素质提出了较高的要求。一般来说,足球教练员应当具备丰富的实战经验,能够在训练中适时地给予正确指导,并且负责日常训练中策略的制定与调整,以及足球运动员训练情况的监督工作,帮助球队形成强大凝聚力与向心力,将运动员的训练积极性最大限度地激发出来。只有当足球教练员具备上述综合素质后,才能有效地在日常训练中敏锐地观察运动员心理变化,不断激励运动员,对其加以正确的辅导,积极地引导与调整运动员的负面情绪,使其能够尽快地回归到正常的训练中来。因此,足球教练员需要具备较强的教学组织与管理能力,较高的足球职业素养,在日常训练中严格按照岗位职责履行自己的义务,从而更好地为校园足球的发展贡献自己的力量。

校园足球教练员除了需要具备上述素质之外,还担负着校园足球的宣传与推广工作,让更多的学生了解足球、喜爱足球,并积极地参与到足球训练中来。与此同时,担任校园足球教练员还需要具备一定职业资格,若是担任青少年足球教练员必须要考取D级及以上级别的足球教练员证书。

在校园中小学足球教学队伍中,足球教练员与足球教师是两个主要组成部分。其中,足球教练员应当具备课堂教学处理与设计准备的能力,在实际训练过程中给予学生正确指导的能力,此外,足球教练员还应当具备多重身份,既可以传道授业解惑,创新教学实践新模式与新方法,同时又可以充当社会工作者与球员的良师益友的角色。而足球教师的主要职责表现在足球理论知识的传授，足球运动的推广与普及，以及足球相关的教学与科研等方面。二者的工作重心有所差异，分工明确。在日常的工作中，足球教师与足球教练员能够做到沟通顺畅，取长补短，形成合力，共同为校园足球的发展作出贡献。

（3）校园足球指导员。校园足球指导员的出现，有效地缓解了我国校园足球专业教师不足的困境。通常来说，校园足球指导员必须具备相应的从业资格，并考取校园足球指导员相关的从业资格证书，才能从事中小学足球指导员的工作。具体来说，就是要求相关人员参加由中国足球协会组织的校园足球指导员培训，并获得相应的从业人员资格证书。同时，一名合格的校园足球指导员还应当具备较高的技战术水平与专业素养。

在学校，校园足球指导员还应当负责日常的足球教学与训练工作。但是，与足球教练或足球教师的工作重点有所不同，他们主要负责校园足球活动的开展与实施，对其足球理论知识与足球技能提出一定的要求。

与校园足球体育教师相比，校园足球指导员在工作职责与工作任务方面存在一定的差异性。具体表现详见下表（表1-4）。

表1-4　校园足球指导员和普通体育教师的差异

人员	职责	任务
校园足球指导员	负责组织校园足球比赛活动，具体安排足球训练，规划和组织校园足球活动的开展，代表学校参加校际足球联赛	组织学生的课后训练，在训练中挖掘足球人才
体育教师	将足球纳入课程范围，教授足球运动基本理论与技能	激发学生对足球运动的热爱

总而言之，与校园足球体育教师相比，校园足球指导员的工作难度相对较大，应当具备较高的足球专业素养，包括专业理论知识与实践经验等方面，从而更好地在日常训练与比赛中，给予其适当的指导，帮助他们

树立正确的足球观。此外，足球指导员应当具有良好的工作态度、强烈的责任感和较高的管理与组织能力，充分发挥其应有的作用与价值，具体表现在两个方面：一方面是在日常的足球训练与比赛中给予适当指导，另一方面是为中国足球事业的发展挖掘与培养优质人才。可以说，校园足球指导员对校园足球各项活动的开展起着至关重要的作用，具有较高综合素质的足球教练员可以有效地推动校园足球活动的顺利开展。因此，要想使校园足球活动得到可持续发展，就应当要求各级学校至少配备一名校园足球指导员。

2. 校园足球运动开展的师资力量来源与标准

（1）教师的主要来源。近些年，随着中小学校园足球活动的不断推广与普及，越来越多的中小学生开始关注并积极地参与到足球活动中来。但是，与中小学足球运动员数量激增形成鲜明反差的是，足球教师的数量与质量并没有得到相应的提高，并且在具体的教师选拔过程中，也没有根据学校的实际情况对足球教师进行合理选拔，从而导致学校在足球教师方面始终存在师资力量薄弱的现象，严重影响了校园足球活动的顺利开展，以及学生参与足球运动的积极性与热情。目前，中小学足球教师的来源主要有以下三个渠道。

第一，各大体育院校。经调查，目前从事中小学校园足球教师工作的群体，大部分来自于各大体育院校培养的专业体育人才。这部分足球教师在大学或者研究生阶段曾参加过各种足球训练与比赛，具有丰富的足球理论知识与实践经验，能够有效地帮助中小学足球运动员提高其技战术水平。同时，这些来自专业体育院校的从业人员在校期间，已经具备了从事体育教师行业的专业素质，主要体现在以下两个方面。方面，足球教师在求学期间接受了较为全面且系统的足球理论知识，并能够熟练地将这些理论知识运用到具体的足球实践活动中去，具有一定的足球专业素养；另一方面，学校也向他们传授了相关的教育心理学及其教学方法等方面的知识，并对他们进行了教师职业资格培训，同时要求他们考取相关的职业资格证书，以具备一名合格足球教师应有的基本素质。但是，在现实教学活动中，许多教师并不具备相应的职业素养与专业水平，部分教师是由其他专业调剂到足球专业的，并不具备相关的理论知识与实践经验，因此，只能在具体的实践教学过程中，一边从事足球教学工作，一边学习相关的专业足球理论知识，积累实践经验。

第二，足球俱乐部教练或退役球员。为了提高学生的足球技战术水平，学校积极聘请足球俱乐部教练或者退役运动员担任足球教师，对学生的日常训练与比赛活动进行指导。由于该部分教师具有丰富的足球理论知识与实战经验，能够有效地提升学生的足球技能与专业素质，使其成为一名优秀的足球运动员。

目前，我国中小学的足球体育教师大多来自于退役运动员或俱乐部教练，部分高校也极为热衷于聘请这些运动员与教练加入高校足球教师的队伍中来。在如此激烈的竞争环境下，真正从事中小学足球教学与训练的教练员与退役运动员少之又少。在所有足球教师队伍中，退役运动员与俱乐部教练员所占比例不到1%。除此之外，在学校从事足球教师工作的退役运动员与俱乐部教练，大多来自于优秀的足球特色学校，而一些普通学校的退役运动员与俱乐部教练占比几乎为零。

第三，大学足球队队员与体育专业学生。作为足球教师的主要来源之一，大学足球运动员与体育专业本科生在足球技战术方面具有较高水平，由于他们在日常训练中经常参加不同规模的足球比赛，使其对足球运动具有较为全面与深刻的理解与认识，能够灵活地在比赛中运用各种技战术。此外，通过参与不同规模的比赛，可以在一定程度上丰富他们的实战经验，从而更好地在教学中进行适当的指导。总之，与其他教育专业的学生相比，大学足球运动员与体育专业本科生具有较为丰富的足球理论知识与实践经验。因此，在中小学足球教师队伍中，大学足球队队员与体育专业学生所占比重较大。

（2）教师的年龄。足球教师队伍的年龄结构可以直接反映出足球教师的足球教学经验，直接决定了足球教学队伍的素质与水平。通常来说，若是足球教师年龄偏大的话，可以证明他很可能具有丰富的教学经验，能够对每一位学生的身体素质、基本个性特征，以及对足球知识的需求度、足球学习特点做出快速与准确的判断。同时，经验丰富的足球教师还可以基于对学生的了解，对下一步的教学方案进行适宜的调整，便于学生在短时间内掌握足球相关的技战术。但是，年长的足球教师也有一定的弱势，比如难以快速地接受新鲜事物，从而妨碍足球训练教学模式与教学方法的改进，导致学生与教师之间的距离进一步拉大，严重影响着教学质量与效率的提高。

与年长的足球教师相比，刚毕业的足球教师具有一定的优势，具体表现在：他们接受了较为全面与系统的足球专业理论知识的学习，在校期间参加了许多不同规模的足球体育赛事，具有最为先进的足球理念与最新的作战经验，可以采取相对科学、合理的教学方法，帮助学生快速掌握足球相关技术，同时，由于年轻教师与学生的年龄相近，在思想观念方面的代沟较小，从而更有利于教学活动的开展。但是，由于年轻教师的教学经验相对欠缺，对学生的个性特征把握，教学内容与方法的灵活运用等方面还有待进一步提高。

综上所述，校园足球呼吁构建更加科学合理的教师年龄结构，使得处于不同年龄层的教师能够彼此之间取长补短，最大限度地发挥各自优势，从而更好地对校园足球教学的基本理念、教学模式、教学方法等进行改进，推动校园足球活动健康发展。

（3）教师学历水平。通常来说，足球教师的学历层次在一定程度上能够反映出教师的培训水平与专业能力。同时，拥有较高学历层次的足球教师，也具有相对较高的科研水平与发展潜力。

近些年，国家大力发展足球事业，校园足球活动在全国各大城市得到了推广与普及。但是，不可否认的是其中也存在一些怪象，主要体现在拥有较高足球技战术水平的足球教师，往往学历层次较低，难以在体育教学科研方面有所贡献，一方面对足球教师个人发展而言极其不利，另一方面也严重阻碍了我国校园足球的高水平发展。

（4）教师职称。足球教师的职称结构在一定程度上可以反映出其不同方面的能力，具体包括三个方面：其一，学历层次、足球理论知识水平和科研能力；其二，将足球实践经验转化为足球理论成果的能力；其三，运用科学的理论知识指导足球实践的能力。故此，足球教师较高的专业素养、较强的科研能力以及丰富的教学实践经验，均可以通过教师职称得以体现。

目前，我国中小学足球教师的职称结构水平相对较低，如图1-4所示。

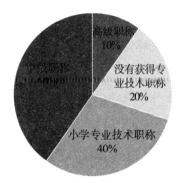

图1-4　中小学足球教师的职称结构

由图1-4可知，目前我国中小学足球教师的职称结构比例处于不均衡状态。其中，初级职称的教师占比相对较高；而具有高级职称的教师比例相对较小。造成这一现象的原因有很多种，其中最为关键的是，目前绝大多数中小学的管理层没有充分认识到足球在课堂教学中的重要性。而在中小学教学课程中，并没有将足球课程成绩与学生期末成绩相挂钩，导致足球课程在众多教学课程中的地位更加低下。因此，足球教师在教师职称评定中始终处于较低水平。从客观上看，这严重影响了足球教师创新教学内容与模式的热情与积极性，对我国的足球后备人才培养极为不利。

（二）当下师资培训所呈现出的发展需求点

1. 培养目标需要更加明确

师资的培训目标，是要按照一定的标准达到相应的培训效果，而这种培养目标应当以量化指标作为评判标准。通常来说，教学目标是教学设计的起点，能够在一定程度上引导学生自主学习，发展其各项能力。同时，教学目标还应当通过具体而生动的语言，将其培训目标明确下来，进而便于学生学习效果的评价。

目前，足球教师培训机构没有制定较为明确的培训任务方向与目标方向，导致教师的培训缺乏针对性，仅仅设置培训任务与培训目的，难以将学习任务进行进一步细化与具体化，正是由于培训目标的模糊化，导致教师培训始终难以达到预期效果。因此，培养目标的明确化是实现校园足球长远发展的关键因素。

2. 培训课程内容需要更加具有针对性

要想实现培训目标一定离不开与之相适应的培训课程内容。科学合理的培训内容是实现良好培训效果的重要前提。在实际的培训活动中，课程内容是重要的信息与载体。课程教学内容的选择对于提高教学质量起着至关重要的作用。通过调查发现，在具体的培训活动中，参与足球技战术学习的学员所占比例最大，其次便是足球教学设计与足球理论知识的学习。从客观上看，足球教学设计能力与足球教学能力在足球教学中是不可或缺的重要技能。此外，足球理论课程主要包括国家相关方针政策、足球客观发展规律、足球理念与足球规则等内容。虽然，足球教学设计与编排、体育科研在调查中所占比例相对较小，但是其在校园足球中的重要性仍然不可小视。

虽然我国的足球教育起步较晚，但是在教学实践的摸索中，我们对教学内容进行了具体而详尽的整体设计，并将其划分为四个板块，即基本理论、教学设计、教材教法与实践观摩。虽然，从整体上看，其教学内容涵盖面较广，但是没有对教学重点内容加以强调，对于基础技能相对薄弱的教师而言，可能会出现内容无法理解与消化的情况，同时，对于基础技能较好，拥有丰富教学经验的教师来说，这些内容又难以满足其发展需要。由于校园足球教师的专项培训周期较短，大多属于一种集中式培训，并且培训内容覆盖面较广，尽可能地顾及绝大多数学员的实际情况，因此针对性相对较弱，无法满足每一位学员的具体需求，因此，在课程内容的精度与深度方面需要进一步完善与提高。

3. 培训方法需要创新

教学方法是教授方法与学习方法的统一，是教学知识得到有效传递的关键性因素。要想提高某一技能水平，最好的培养方式是实训。对于参加实训的学员来说，提高足球基础技术水平是其主要目的，但是从全面发展的体育人才培养角度出发，仅仅依靠实训是远远不够的，还需要通过其他多种途径得以实现。比如，通过适当的观摩考察，学习典型案例，帮助学员形成自己对足球的深刻见解；专题讲座的开设，以及相关研讨会的举办，能够在一定程度上为学员创造交流与学习的机会。在培训中，较为重要的一环便是总结反思环节，它在众多培训方式中有着较为突出的作用，可以在一定程度上有效提高实训效果，因此在足球培训中，理论教育与总结性教育是不可或缺的组成部分。

第三节　我国校园足球发展战略

一、校园足球发展战略的概念和特点

校园足球发展战略是指相关足球运动管理部门为实现校园足球健康、

合理、可持续发展而制定的全面、可预测、科学的基本战略。

校园足球活动不同于娱乐活动，它与其他学科一样，具有较强的专业性。因此，为了制定科学合理的校园足球发展战略，国家体育部门与教育部门应首当其冲地成为校园足球活动的组织者与推动者，充分了解与掌握总体发展战略特点，并将其作为制定计划的主要依据，具体内容有以下三个方面。

（一）保持足球本身的职业性

从产业角度分析，校园足球的发展应当归于教育产业。其中，包括教育行业与体育行业的共同参与，而且二者在校园足球中的参与度不相上下。在必要的情况下，校园足球可以融入一些职业足球的内容。通常来说，职业足球运动的训练要求更为苛刻，训练方式也更加科学，从一定程度上可以确保校园足球发展战略更加专业化。从人才角度出发，足球专业人才应当在具备强烈的责任感与求精意识的基础上追求多样化。也就是说，我国足球事业的发展，既需要理论型人才，又需要实践型人才。

（二）保证足球运动的从属性

足球运动的改革与发展是一项较为复杂的系统工程，也是一项长期而艰巨的任务。为了实现项目的总体目标，子系统应当在整体系统下履行各自的职能。因此，校园足球发展战略应当服从于我国整体足球发展战略，这是校园足球发展战略从属性的具体体现。这种隶属关系决定了校园足球发展战略应当具有两个任务：一是实现校园足球自身的发展，二是促使我国校园足球的发展顺应足球总体发展战略的基本要求。二者之间是相辅相成的关系，如果其中任何一方过于突出，便会对校园足球高质量发展任务的完成造成不利影响。

（三）保障校际足球的关联性

校园足球发展战略的实施过程中，会出现不同部门之间职能交叉的现象。校园足球要想取得发展，需要教育部门与体育部门之间的相互协调与合作。仅依靠其中某一个部门势必无法顺利完成校园足球活动的任务。因此，政府层面在制定校园足球发展战略时，应当充分考虑到在推行活动时可能出现的各种矛盾与问题，有针对性地制定出科学合理的解决方案。

二、构建校园足球运动发展战略理论框架的依据

根据制定发展战略的一般程序与分析方法，构建校园足球运动发展战略理论框架的依据如图 1-5 所示。

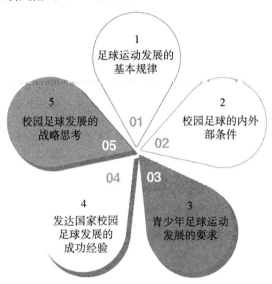

图 1-5　构建校园足球运动发展战略理论框架的依据

（一）足球运动发展的基本规律

足球作为世界第一运动，其产业发展已经相当成熟，拥有一套完整的商业模式。与其他运动项目相比，足球的商业化程度相对较高，在世界

范围内具有较为广泛的影响力，世界各国均对这项运动的发展给予高度重视。

足球运动的发展，不仅涉及足球技战术以及足球理念的发展，同时还包括产业发展和人才的培养等方面内容。由于足球运动本身所具有的文化内涵与影响力是其他运动项目所无法比拟的，因此，足球运动应当对自身发展的基本规律进行深入研究，任何脱离这一规律的发展均难以达到预期的理想效果。

在制定校园足球发展战略时，也必须关注足球发展的本质规律，这是促进校园足球运动得以发展的重要前提。校园足球人才的培养与校园足球运动的发展方向，均是由校园足球运动的本质规律所决定的。由于校园足球运动在一定程度上存在着训练时间长、投资成本高，以及成功率较低等问题。因此，教师在校园足球的教学活动中，应当最大限度地激发学生对足球的兴趣与积极性，而不是一味地强调足球专项训练的重要性。总之，研究与制定校园足球发展战略不应当以足球运动技战术与足球理念为依据，而应当以足球发展的本质规律作为根本依据。

（二）校园足球的内外部条件

在制定校园足球发展战略时，应当综合考虑校园足球的内部条件与外部条件。一般情况下，校园足球的发展会受到上述两种条件的决定性影响，例如，足球运动场地与足球体育设施等。关注校园足球的内部条件与外部条件，对校园足球进行深入研究十分重要，已经发展成为制定校园足球发展战略的重要参考依据。

从本质上看，对校园足球发展的内部条件进行研究，就是对校园足球的优势与劣势进行的一种清晰认知。通常来说，校园足球的主要优势体现在制定校园足球发展策略的学校、政府与教育部门对活动提供一定资金支持，以及发挥舆论宣传的作用。校园足球的主要劣势体现在对校园足球发展战略主动设计规划的比较多，而真正在制度、资金、人力、资源等方面提供坚实保障的学校却寥寥无几，同时在管理体系方面有待进一步完善。

一般来说，校园足球的外部条件与校园足球的内部条件是协同发展的。上文已述，校园足球的发展不仅仅是教育部门或体育部门某一单个部门的职责与任务，它离不开各个部门之间的协同合作，只有这样，才能获得比较理想的实施效果。因此校园足球不是单一因素作用的结果，而是足球环境与舆论氛围等外部条件共同作用的产物，对校园足球的发展具有极为重要的意义与影响。因此，要想制定一个科学合理的校园足球发展战略，需要充分考虑各种外部环境。

具体来说，足球运动外部环境涉及政府层面对足球事业发展的大力支持、体育与教育相结合的足球人才培养的发展趋势、社会公众对足球竞技表现与健身功能的需求等。当然，为了更好地体现这些外部条件对于校园足球发展的效果，学校也需要克服诸多不利因素，为其发展扫清一切障碍，诸如应试教育的大环境，重视文化教育，忽视体育与文艺教育的传统教育思想，以及足球发展的社会环境因素等。

伴随《中国足球改革发展总体方案》的出台，我国校园足球也迎来了一个前所未有的历史机遇。有机遇就有挑战，而这种挑战也正是事物发展的所必需的能量来源与经验。若是能够将内部与外部优势完美地结合在一起，便可以有效地解决校园足球发展战略制定的相关问题。

（三）青少年足球运动发展的要求

青少年是足球运动的后备力量，他们是校园足球运动发展的见证者，同时也是校园足球运动发展的参与者。因此，在制定校园足球发展战略时，应当充分考虑青少年生长发育的特点，以及力量素质、心理素质等发展规律，并根据他们对于足球运动的实际需求，制定出较为科学且完备的校园足球发展战略。

在现代体育教学改革中，特别强调学生在学习活动中的主体地位，并提出了以人为本的教学理念。这种人本主义的教育理念可以通过图 1-6

得以直观体现。

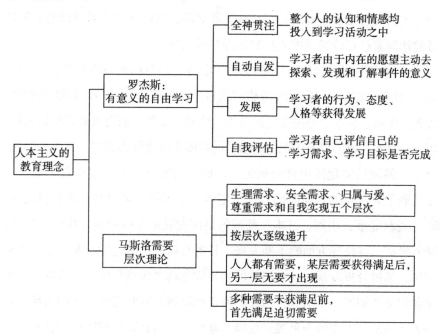

图 1-6　人本主义的教育理念

　　无论是罗杰斯的有意义的自由学习观还是马斯洛的需要层次理论，都在倡导学生自主自发式的学习。这种以人为本的教育理念表明，只有当学生愿意自发地主动学习时，才能更好地理解其中的内容，并成功地将一种被动学习转变为一种有效的主动学习。

　　人的全面发展离不开教育。足球作为体育课程教学内容的一部分，在树立以人为本的教育理念方面起到了积极的推动作用。

（四）发达国家校园足球发展的成功经验

　　制定校园足球发展战略是一项长期的系统工程。在中国过去的经验中，几乎没有与校园足球运动相关的系统、全面且长期的发展战略规划。纵观世界足球发展历史与现代足球发展状况，我国校园足球与世界足球发达国家相比，仍然存在着巨大的差距。故此，在制定校园足球发展战略时，中国还需要经历十几年甚至几十年的探索与发现，然而，要想尽快地制定出较为科学且完备的校园足球发展战略，可以通过学习与借鉴世界足球发达国家已有的发展模式与有益经验得以实现。

在确定借鉴对象时，应当按照一定的目的与标准有选择地进行，例如，我们可以选择与我国隔海相望的日本、韩国作为学习与借鉴的对象。首先，中国、日本、韩国在气候条件、地理环境等方面有着诸多相似之处，因此，日本、韩国以及中国的运动员的身体素质也极为相似。其次，中国、日本、韩国的文化历史渊源相近，足球运动发展存在许多相似之处，如足球职业化改革的开始时间、现代足球在本国的传播时间、教育模式等。

资料显示，中国、日本、韩国的足球发展水平曾经极为相近，但是，随着经济、科技等方面的不断发展，日本与韩国足球运动的发展早已超越中国。通过分析发现，日本与韩国的足球运动之所以得到了飞速发展，源于他们寻找到了一条适合自己发展的正确道路。除此之外，他们在足球后备人才的培养方面极为重视，校园足球在日本与韩国的发展较为成熟。

综上所述，日本与韩国足球运动发展的成功经验是可供借鉴与参考的，我国要想制定科学合理的校园足球发展战略，可以从以下五个方面进行借鉴与学习，具体内容如图 1-7 所示。

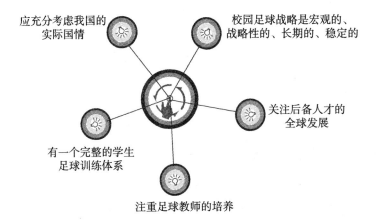

图 1-7　我国校园足球战略向日韩两国借鉴的经验

中国校园足球要想得到快速发展，就应当积极地向其他优秀的国家足球运动队进行借鉴与学习，通过分析他们的成功经验与失败教训，从而发现足球运动的本质规律，并结合我国足球发展的实际情况，以及运动员发展规律与对足球的具体需求，制定出科学合理的足球发展战略规划。

（五）校园足球发展的战略思考

战略决策的最终高度是由战略的指导思想水平所决定的。战略的指导思想是校园足球发展战略的灵魂。正确的指导思想，是科学合理的发展战略形成的基础。若是没有正确的指导思想的指引，那么也就不会有科学合理的足球发展战略，中国足球的未来发展也便不会一帆风顺。

校园足球发展战略的指导思想应当着眼于校园足球的未来发展趋势，基于对体育改革与足球发展进行分析与总结，以及对中国校园足球的发展现状全面且客观的诊断，从而制定出科学合理的校园足球发展战略。在这个过程中，我们应该避免闭门造车，而应以谦虚和勤奋的态度，学习发达国家的校园足球的管理方法，以及制定校园足球发展战略的方法。

目前，我国已经明确了校园足球发展战略的指导思想。该思想以体育强国建设为动力，以足球发展规律为依据，以增强学生体质、普及足球运动为基本任务，不断扩大足球运动在校园中的影响力，引导学生以享受足球快乐和"回归体育"为基本理念，构建具有中国特色的青少年足球人才培养体系。

三、校园足球发展的战略目标

通常来说，战略目标是发展战略的核心，因此，对于校园足球发展战略而言，其战略实施的最终目标便是整个战略的核心部分，并对整个战略的实施起到指导作用。为了确保校园足球发展战略的科学性与合理性，战略目标应当具有现实性、可预期性、相对稳定性、长期性、优化性和切实可行性等特点。

明确校园足球发展战略目标是校园足球发展决策活动的核心点。在制定校园足球战略目标时，应当结合校园足球发展的实际情况，将其划分为宏观指导目标和具体操作目标。下面将对此两大目标进行详细阐述。

（一）宏观指导目标

制定校园足球发展的宏观指导战略目标，首先，应当综合考虑影响校园足球发展的不同因素，如政治、经济、文化、社会舆论环境，以及足球产业环境等因素。其次，应当向足球发达国家学习他们的成功经验与训练理念。通过对上述内容的总结与分析，明确校园足球发展战略的总体目标，即在未来 15～20 年内打造一个具有中国特色的校园足球青少年训练体系。

基于这一校园足球青少年训练体系的打造，不断探索与完善校园足球管理体制，大幅提高校园足球运动的普及率，促使校园足球人口得到不断增加，为我国足球事业发展培养与输送大批高质量足球人才，为我国足球事业的可持续发展奠定坚实基础。

（二）具体操作目标

就制定校园足球战略而言，要想切实将发展战略落到实处，需要将宏观指导目标具体化，分阶段地对宏观指导目标的实施情况进行跟踪，从而及时调整不正确的目标，换句话说，就是将大目标细分为若干个小任务，即具体目标。

校园足球发展战略的具体操作目标是按照纵向、横向或时间序列的维度进行划分的，将总体目标分解为具体的操作任务目标，这与文化课程教学中的总体教学目标和子目标类似。具体操作目标是实现宏观指导目标的基础或组成部分。因此，在设定具体操作目标时，相关人员应当注意以下三点要求。

（1）根据实际情况，将宏观指导目标逐步分解为若干个具体操作性目标。在目标划分的过程中，应当注意具体目标的实践性与有效性，必须确保每一个具体操作目标都是始终围绕着宏观指导目标，并且随着具体操作目标的逐步实现，促使宏观指导目标最终得以达成。

（2）具体操作目标的确定，必须要充分考虑到每一个具体操作目标实施过程中的各种限制因素与条件要求，诸如财务因素、人力资源因素、管理水平以及技术支持等。

（3）具体操作目标的确定，还应当遵循整体性、系统性、协调性原则，做到协调、均衡、依照次序发展，促使宏观指导目标能够在预期范围内得以实现。

基于以上三点要求，结合我国校园足球发展的实际情况，可以将校园足球发展的具体操作目标分为以下几类。

（1）构建系统完整、规范明确、科学高效的校园足球管理体系。管理制度是实施一定管理行为的依据。通常来说，任何管理工作都离不开一套集系统化、规范化、科学化特点于一身的管理制度。因此，要想实现校园足球战略的具体操作目标，就需要一套系统完整、规范明确、科学高效的校园足球管理体系。这就要求我们根据我国国情和校园足球发展现状，构建一个适应社会主义市场经济体制，并且符合校园足球发展规律的目标管理体系。

除此之外，在建设系统完整、规范明确、科学高效的校园足球管理体系过程中，应当结合我国实际情况，充分重视政府职能部门在其中的指导与服务作用。众所周知，校园足球的发展离不开教育部门与体育部门的通力合作，因此，政府职能部门应当对不同部门的具体职能进行明确划分，避免出现职责不清、分工不明的情况，从而促使校园足球管理体系在校园足球发展中发挥作用。校园足球管理体系可以在一定程度上促使校园足球发展在宏观指导与具体操作方面获得组织支持。

（2）资源配置合理高效。通过分析现代足球运动，不难发现，足球是一项需要投入大量资金的体育运动，因此，资本在足球发展中发挥着至关重要的作用。通常来说，职业足球的投资要远远高于校园足球的投资，分析其原因主要在于校园足球的投资巨大，周期长，收效缓慢，难以在短期内收到实效，因此，许多私人资本不愿进入校园足球领域。目前，我国校园足球发展主要依靠的是行政拨款，社会资本进入校园足球领域相对较少。要想发展校园足球仅仅依靠这种资金运作模式将难以为继。因此，如何科学合理地运用这些资源，并将资源利用效率及时地反映出来，是检验管理水平的一个重要标准。

随着中国改革开放步伐的不断加快，原本的计划经济体制被市场经济体制所取代。市场经济在社会各个领域中发挥着重要作用，然而，我国校园足球因其自身发展特点，在资源配置方面始终需要政府发挥宏观调控职能，只有通过这种方式，才能促使有限的资源得以充分利用。此外，我们应当认识到市场经济体制下发展校园足球，可以在很大程度上引入更多的社会资本，从而使其发挥巨大的市场力量，帮助校园足球获得快速发展，这是新时期我国传统体育国家体制的变革和创新，也是 21 世纪我国校园足球可持续发展的基础。

（3）增加校园足球参与人数。校园足球想要得到进一步发展，需要大批学生能够积极地参与到校园足球运动中来。只有不断扩大足球在校园中的影响力，让越来越多的学生自愿参与其中，才能确保校园足球得到可持续发展。因此，校园足球发展战略的具体目标包括不断增加校园足球参与人数。

为此，中国已经开始积极制定一系列措施用以推进这一目标的实现。一方面，需要适时地增加定点城市和活动区域的数量，通过参加校园足球赛扩大人数。另一方面，在现有城市校园足球布局的基础上，不断扩大定点院校校园足球规模，增加校园足球运动场地的数量。

（4）构建各级学校培训体系。校园足球要想实现可持续发展，离不开高质量足球人才的培养与储备。作为青少年的聚集地，学校责无旁贷地成为足球后备人才的培养基地。

因此，要想进一步完善我国的足球后备人才培养路径，必须建立以小学、初中、高中、大学为依托的四级校园足球训练体系。这种训练体系在一定程度上可以促使学生训练得到有效衔接，为学生的进一步发展指明方向，客观上提高学生的足球运动能力。

　　对于绝大多数学生而言，参加校园足球运动的目的主要是为了强身健体或休闲娱乐，而并非是要走上一条职业化的发展道路，成为优秀的职业足球运动员。只有少数青少年经过校园足球训练后，发现自己对足球运动产生了浓厚的兴趣，同时已经具备一定的足球技能，在此基础之上，才有机会进入到专业的训练团队，发展成为一名职业足球运动员。经过多年探索与实践，我国创造出了一个系统完整、规范明确、科学高效的校园足球训练途径，为中国足球事业的发展不断输送高素质的足球后备人才。

　　要想促使校园足球获得可持续性发展，就应当将其纳入国家的总体发展战略，将中国教育与中国体育的发展充分考虑进去，并最终探索出一种符合中国国情的校园足球发展模式，从而推动我国足球事业不断向前发展。

四、校园足球发展的重点战略

　　校园足球运动的发展过程中会涉及方方面面的因素，既要综合考虑各方面因素，又要突出重点，只有这样，才能促使校园足球不会偏离预定的发展目标，与现实情况相契合，因此，校园足球发展需要进一步明确发展战略重点。

（一）完善校园足球管理体系

　　从管理理论角度出发，通常领导者的决策行为会受到责任的制约、权力和利益的推动。为了保证决策行为的合理化，必须致力于建立权、责、利相适应的利益结构，使责、权、利相统一。通过对以往经验与规律的分析总结，不难发现，任何战略的制定与实施过程中，都会出现意想不到的各种矛盾，这时就需要结合实际情况，对战略目标进行及时调整与纠正，在制定校园足球发展战略时，同样需要在实施过程中对战略目标进行科学合理的调整，从而促使矛盾得到有效解决。

与职业足球、社会足球不同，校园足球的发展离不开教育部门与体育部门的协同合作。其中各级体育部门为校园足球发展提供专业技术与资源的支持。而教育部门为校园足球发展提供场地与管理等方面的支持。因此，校园足球要想实现顺利发展，就需要两个部门加强沟通与交流，建立协调有效的沟通机制显得至关重要。若是没有健全的沟通渠道与机制，将会出现职责不清、分工不明等情况，严重影响校园足球的发展。由此可见，要使校园足球实现健康发展，需要建立一套完善的管理体系。

（二）促进协调发展

目前校园足球运动并没有实现协调发展，主要原因在于政府相关部门对于校园足球运动的支持力度不够，具体来说，体育部门没有充分发挥出自己的职能作用，促使校园足球发展缺乏专业性的指导与支持，而教育部门也将主要精力集中在文化教育方面，一定程度上使校园足球发展受到严重阻碍。

校园足球发展失衡主要表现在校园足球运行机制集中在足球竞赛方面，如校园足球赛或班级联赛通常能够引起校方的重视。部分学校甚至不惜一切代价，通过多种渠道挖掘优秀的足球运动后备力量，并代表学校参加各类足球体育赛事，为学校争光，打造"校园名片"。但是从长远角度分析，这种发展机制对于足球运动发展与中国教育发展都是极为不利的，容易使其陷入一种功利主义的旋涡。这种做法从本质上看忽视了学生在校园足球活动中的主体地位，与国家发展校园足球的初衷相违背。

因此，建立校园足球协调发展的工作机制，是校园足球运动发展过程中的重要一环，也是真正实现校园足球运动的关键所在，因此应当将其作为校园足球发展战略的重点来抓。

（三）完善政策保障体系

校园足球运动的发展并非一蹴而就，而是需要经过漫长的发展过程，包括理论探索与实践探索，只有这样才能有效实现既定目标。而校园足球投资大、收效慢、周期长等不利特点，使得许多社会资本只能是"望而却步"，从而导致校园足球的资金支持过于单一化，很难实现自身快速高效地发展。

要想促使中国足球事业得到快速发展，早日步入足球发达国家行列，就必须要建设一个完善的政策保障体系，从而促使现实中的问题得到有效解决。与其他发达国家相比，我国校园足球运动起步较晚且发展缓慢，其探索之路举步维艰。目前，我国大部分高校的校园足球运动发展难以推进，究其原因主要有两个方面：首先是学校出于对学生人身安全的充分考虑，因为足球是一项激烈的对抗性运动项目，在运动过程中难免会造成一些意外的人身伤害，这些都是学校与家长所不愿发生的；其次，部分学生可能会因为过分沉迷于足球运动，而导致文化课成绩下降，这些也是学校与家长不愿看见的。基于以上两方面原因，使得校园足球发展始终处于口号阶段，政策落地较为困难。长此以往，校园足球将陷入一种恶性循环之中，对其发展极为不利。

针对这一问题，我国教育部门与体育部门对足球运动的内涵不断深化，促使各部门实现联动，开展协同合作，有针对性地出台一系列支持性政策，消除社会各界对于学生参与校园足球运动的顾虑。政策保障在校园足球战略实施的初级阶段尤为重要，因此，完善政策保障体系也应当作为校园足球发展战略的重点来抓。

（四）加强校园足球师资队伍建设

各级学校应当加强足球师资队伍建设，聘请拥有丰富足球实践经验，以及较高职业素养的足球专业人士担任足球教师。足球教师是绝大多数学生的足球启蒙者，足球教师在校园足球运动中充当着组织者与实施者的角色。因此，足球教师应当在教学中充分激发学生的足球学习热情与主观能动性，帮忙他们树立正确的足球观，而衡量一名足球教师教学水平的标准则包括教师启发与引导学生的方式，以及教授足球理论知识与实际技能的能力等方面。

中国绝大多数从事足球教学的教师都是非科班出身的，许多足球教师都是由在职体育教师兼任的。而校园足球教师由非足球专业教师担任，会严重影响到校园足球的长远发展。因此，加强专业足球教师队伍建设，对提高校园足球教学水平有着重要意义，可以在一定程度上推动校园足球的可持续发展，是校园足球发展战略的重点工作之一。

五、校园足球发展战略的保障措施

我国出台一系列与校园足球相关的保障措施，以确保校园足球发展战略的顺利实施，常见的保障措施包括以下六个方面，如图1-8所示。

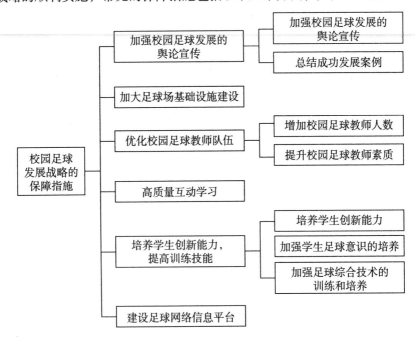

图1-8　校园足球发展战略的保障措施

（一）加强校园足球发展的舆论宣传

21世纪，人类社会全面进入信息时代。海量信息每天通过各种不同的渠道进行传播，促使舆论在信息传播的过程中逐渐形成。校园足球要想发展，同样离不开舆论的力量，借助各种新兴媒体可以使越来越多的受众认识校园足球，了解校园足球的文化内涵与理念，从而能够积极主动地参与到校园足球运动中来。要想使越来越多的公众了解校园足球，一般需要借助以下两种方式。

1. 加强校园足球发展的舆论宣传

校园足球的文化内涵与理念宣传，促使全社会给予校园足球越来越多的支持和认可，其中包括对校园足球认识水平的提高，并为校园足球的发展提供良好的社会舆论环境。一般来说，校园足球的参与主体是学生，而家长作为校园足球的支持者之一，可以在一定程度上起到校园足球宣传与推广的作用。反之，若是家长从思想上无法对校园足球给予充分认可，将严重阻碍我国校园足球的发展，因为父母的思想会直接影响到学生对于校园足球的判断。因此，我们应当通过社会舆论宣传，让更多的学生、家长、教育部门以及体育部门认同校园足球，从而推动校园足球运动蓬勃发展。

2. 总结成功发展案例

校园足球发展的成功案例，在一定程度上发挥着积极的示范与带头作用，有效引导并促进全国各大城市实现校园足球的健康有序发展。以日本为例，为了大力发展本国的校园足球，日本将校园足球与动漫产业相结合，制作出大量以青少年足球为主题的优秀动画片，并在社会上引起了强烈反响，部分制作精良的动画片，还引起不少海外动漫迷的喜爱与追捧。

在校园足球的宣传过程中，新媒体与自媒体广告发挥着至关重要的作用。尤其是在信息时代，要想宣传与推广校园足球，可以借助电视、互联网等多种传播媒介，基于青少年群体的特点，形成以互联网媒体为宣传核心，通过不同的信息终端对校园足球进行有效宣传，从而进一步扩大校园足球的影响力。

（二）加大足球场基础设施建设

校园足球要想得到发展，离不开人力、物力、财力等多方面资源的支持，其中最为重要的便是运动场地的支持，足球运动场地与运动设施是足球运动得以开展的必备条件。就我国足球发展的实际情况而言，包括足球场地在内的基础设施建设有待进一步提升。若是没有充足的物质基础，校园足球活动则难以顺利开展。因此，要想使我国足球事业蓬勃发展，就离不开各种资源的强力支持。

作为一项非营利性的足球发展活动，校园足球几乎很难吸引到足够的资金用以建设足球运动场地。足球运动场地对于校园足球的发展而言至关重要，因此在未来校园足球发展中，相关部门应当采取一系列措施，吸引越来越多的投资方对足球运动场馆建设贡献力量。在这期间，学校也应当加大校园足球发展的投资力度。为了促使校园足球教学与训练得到深入发展，校方可以借助现代信息化手段，对足球教学内容与方法进行研究、开发与应用，为我国校园足球发展奠定坚实基础。

（三）优化校园足球教师队伍

足球发达国家的校园足球之所以能够始终保持较高水平，一方面是由于他们制定了长期的足球发展规划，另一方面源于他们对足球师资队伍建设的高度重视。尤其是对于足球初学者来说，足球文化教育对他们理解与热爱这项运动起着直接作用。因此，应当重视足球教师的培训，建立起较为完备的培训课程体系。作为校园足球的重要组成部分之一，足球教师扮演着校园足球活动组织者与实施者的重要角色。通常来说，具有良好综合素养的足球教师，可以有效提高足球初学者的技术水平，从长远来看，对我国足球事业的发展起到至关重要的作用。但是，就我国目前校园足球的发展状况来看，仍然存在着一系列问题亟待解决，为此，我们需要通过以下几种方式加强校园足球的教师队伍建设。

1. 增加校园足球教师人数

要想促使校园足球活动得以顺利开展，就需要经验丰富的足球教师作为校园足球活动的推动者。然而，就我国目前校园足球的实际情况来看，真正科班出身的专职足球教师寥寥无几，而现有的专职足球教师的数量又无法满足校园足球发展的实际需要。因此，为了缓解专职足球教师紧缺的窘境，教育部门应当牵头建立全新的足球教师聘任机制，完善足球教师的补充机制，制定适用于校园足球教师的专业认证标准，提升足球教师的待遇水平，让足球专业教师愿意扎根于校园，从而更好地促进校园足球的良性发展。

2. 提升校园足球教师素质

现代足球发展速度比以往任何一个时代都要快，无论是足球运动员的个人技能，还是团队整体战术等方面，更新迭代的速度都在不断加快。因此，对校园足球教师的专业素质提出了更高的要求，通常来说，提升校园足球教师的专业素质可以通过以下几种措施得以实现：

（1）实施足球教师资格制度。足球教师资格制度是提高足球教师职业素质与综合能力的有效方式，实施足球教师资格制度可以有效地提高足球教师队伍的整体水平。一旦足球教师通过了教师资格证的考试，则说明他已经具备了从事该项工作的能力。该证书不仅将作为足球教师从事足球教学的"准入"证书，还将作为未来评定专业职称的重要参考。

（2）高质量的继续教育和培训。事物总是不断变化发展的，足球运动同样如此，因此，作为足球运动发展的推动者与参与者，足球教师应当真正做到与时俱进，及时学习先进的足球技战术，从而更好地培养我国足球事业发展的后备力量。具体来说，可以通过每年定期举行的相应级别的教师强化培训，使其能够及时获取到最新的行业信息，学习更为先进与科学的教学方法，从而不断更新自己的知识体系，提升自身的专业素质与综合能力。

（四）高质量互动学习

校园足球要想不断向前发展，就需要与足球发达国家建立友好关系，通过定期委派足球教师或骨干到足球发达国家进行培训，以及邀请优秀的足球运动员或者足球教练来我国传授先进的教学经验等方式，不断丰富我国足球教师的知识储备，吸收先进的足球教学理念，从而更好地提升自身的教学能力与专业水平。

（五）培养学生创新能力，提高训练技能

1. 培养学生创新能力

学生具有自主创新能力，对提高训练水平有着极为重要的作用与意义。在教学中，若是学生具有一定的创新能力，可以帮助他们更加深入、准确地理解足球学习过程中的各种内容。实施创新教学，培养学生的足球创新能力，可以使学生学习的主动性得到提升，从而实现足球技能的提高。

2. 加强学生足球意识的培养

培养学生的足球意识也是校园足球不容忽视的重要内容。通常来说，在教学训练的过程中可以培养学生的足球意识，通过采取多种教学手段，不断丰富学生的足球理论知识。基于熟练的技术动作，进一步加强身体与足球之间的协调性与连贯性训练，使得自身的实战应变能力得以增强。通

过形式各样的进攻与防守训练，使得学生的战术意识有所提高等。

3. 加强足球组合技术的训练和培养

要想熟练掌握足球技能，需要经历一个漫长且艰辛的训练过程。在这一过程中，需要最大限度地发挥学生的创新能力，加强各种足球组合技术的训练，不断进行技术动作的创新。这样做，一方面可以提高学生训练的主观能动性，另一方面还有助于他们对足球技战术的理解与运用。

（六）建设足球网络信息平台

当今社会是一个信息化的社会，现代信息技术与课堂教学的深度融合，在一定程度上促使教育质量进一步提高，现代信息技术在足球领域的应用，极大地推动了校园足球的发展。作为未来足球事业发展后备人才的培养基地，高校应当加强足球网络信息服务平台建设。校园足球网络信息服务平台的建设一方面可以有效实现校园足球资源的共享，另一方面还可以提高足球教师的科研与教学能力。从长远来看，这对我国校园足球的可持续发展有着极为重要的意义。

第二章 校园足球教学与理论研究

第一节 校园足球教学的基本理论

一、树立现代足球教学训练理念

如今，足球运动早已突破过去全攻全守的总体性打法，进入了全新的发展时代，过去的足球训练格局、比赛战略和技巧等早已发生重大变化。面对足球运动的诸多变化，校园足球作为我国培养未来足球人才的重要途径也必须与时俱进，不能固守成规，校园足球运动的教学理念步调应与现代足球保持一致。树立现代足球理念是校园足球生存与发展的第一步，也是具有奠基性意义的一步，只有树立现代足球训练理念，才能为现代足球教学带来新的启示，具体表现如下。

第一，现代足球教学与训练不能仅凭借文本资料记录或者过去的经验盲目开展，而是要紧密结合足球运动的变化与球员实际情况。教师应突破足球教学与训练的理论限制，积极实践，大力提高学校足球运动员在实战中的技战术水平和身心素质。

第二，足球教师首先应该树立明确的理念：现代足球教学与训练应致力于提高足球运动员的实战能力。因此，足球教学与训练不仅仅是熟悉技能的过程，更是为在足球比赛中遇到或者有可能遇到的突发状况，寻求最优解的实践性决策过程。

第三，现代足球教学和训练的内容、方法是从足球比赛中衍生出来的。因此，我们可以说教学与训练的目的之一是更好地参与足球比赛。训练后，球员可通过参与足球实战比赛进行全面检查，从中不断积累对战经验，提高其自身与队伍整体的足球实践能力。

往往在深刻了解现代足球的内涵之后，可以从其失败与成功的经验中探寻对足球教学与训练有益的理念和规律，总结出诸如上述对足球教学与训练的新认识。由于这些理念与认识本身就是对相关理论的深入探寻以及对实践经验总结的结果，是基于足球先进国家的足球教学与训练理念对实践活动的指导，对我们国家开展校园足球教学与训练具有一定的借鉴意义。

因此，在我国校园足球教学与训练中，必须主动探寻并总结适合现代足球发展，适用于我国足球教学与训练的先进理念，这对校园体育的发展具有重要的理论意义和现实意义。

中国足球教学工作者和足球训练专家要坚持论证现代足球教学训练理念的学理性，并始终倡导现代足球教学训练理念。无论是专家学者还是一线教师、训练员都要认清中国足球教学训练中长期存在的问题，对学生进行正确的理论和实践指导，摒弃过时传统的足球教学和训练观念，确立并进一步落实现代足球教师的培养理念，真正做到理论指导实践，从方方面面提高足球运动员的综合能力。

二、现代足球教学和训练的组织保障

（一）当地足球协会

在中国足球管理体制中，由中国足球协会管理各个地方的区域性足球协会。各个地方的足球协会作为落实国内各地学校包括校园足球在内的足球工作的"主力军"，国内各地学校足球队的组织和建设必须与当地足球协会传达的教学和训练理念相结合，再根据学生的特点进行有针对性的足球教学和训练。当地的地方足球协会有义务、有责任协助当地学校足球队进行教学并提供科学规范的训练指导。

（二）培训教员

中国足球协会通常在每年的冬（春）训期间组织集中训练，并在训练过程中为各级青年足球队提供优越的训练和比赛条件。近年来，在足协组织机构的专业指导与帮助下，学校足球教育取得了良好的成果。这为普及与更新学校足球教学与训练方面的知识带来很大帮助。

提高学校足球教学和训练水平的好办法之一是培养优秀的教练，通过密集的团队训练可以使教练快速学习与成长。校园足球应贯彻现代足球教学与训练理念，实施总体工作布局，以切实落实现代化学校足球教学理念为工作重心，本校的专业足球教师或教练员通过不断进修、不断学习，进而提高学校足球运动员的综合运动水平。

（三）管理团队和业务指导

1. 足球协会

要求中国足球协会树立和落实现代足球教学与训练理念，在与之相关的各个方面为学校足球教育提供有效指导，切实推动学校足球教学与训练的进步。

地方足球协会必须服从中国足球协会的领导，执行中国足协的决定。与此同时，地方足球协会还应依据现代足球教育培训理念，对当地学校青少年足球队的教学培训进行管理和指导，确保学校教育培训理念的落实。

2. 教练和教师

足球教练和教师角色是在中国足球协会的领导下，由优秀国家教练带领的专业足球工作指导团队担任的，主要对足球的教育与训练进行科学指导，立足于培养新一代足球人才。在中国，尤其对学校足球教育而言，中国足协确立教学和训练的目标方向是发展国内足球事业必须重视的问题。

三、学校足球教学的任务和基本要求

（一）学校足球教学的任务

学校足球教学有诸多任务，包括提高学生的身体素质与运动能力，促进学生德育、智育、美育的全面发展。对于大部分学生而言，参与足球教学的目的除了在足球运动方面获得收益之外，更要保证自身的身体健康水平得以有效提升。

1. 提高身体素质

青少年的身体素质和各项身体机能正处于最佳发展阶段，从运动生理学的角度来看，青春期阶段的学生身体机能呈现以下特点，如图 2-1 所示。

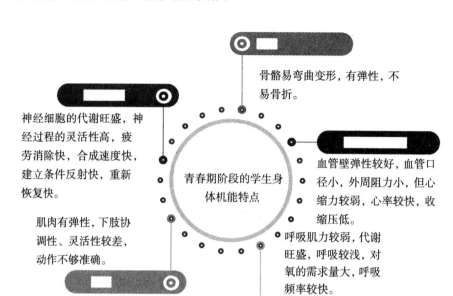

骨骼易弯曲变形，有弹性，不易骨折。

神经细胞的代谢旺盛，神经过程的灵活性高，疲劳消除快，合成速度快，建立条件反射快，重新恢复快。

血管壁弹性较好，血管口径小，外周阻力小，但心缩力较弱，心率较快，收缩压低。

肌肉有弹性，下肢协调性、灵活性较差，动作不够准确。

青春期阶段的学生身体机能特点

呼吸肌力较弱，代谢旺盛，呼吸较浅，对氧的需求量大，呼吸频率较快。

图 2-1　青春期阶段的学生身体机能特点

从图 2-1 中不难看出，青春期的学生正处于身体素质发展最好、最快的阶段。因此从运动训练的角度来看，处于青春期的学生最适合参加足球教学与运动训练。学校足球教育应引导学生积极主动参与足球教学与运动训练活动，引导学生充分发挥其身体素质优势，使学生的各项身体机能得到锻炼，达到并保持一定的身心健康水平。与此同时，积极参加学校开展的足球教学和训练活动，还能在增强学生对足球运动认识的同时，提高学生对自然环境的适应能力与对疾病的抵抗力，为学生成长、发展奠定坚实的身体素质基础。

2. 培养学生的参与能力和运动能力

在学校足球运动中，学生是其中最重要的校园足球活动的参与者和运动的追随者。一方面，学校足球教学有利于增强学生对足球的认识与兴趣，使学生获得健康的心态与体魄。学校足球教学可以在学生学习基础文化知识和足球相关理论知识的同时，全面提升学生的运动能力、个人身体素质和足球意识，充分激发学生参与的积极性和主动性，帮助学生更好地投入到学习与练习中。教师引导学生参与足球运动和培养运动的能力时，必须关注以下几点。

（1）足球运动是一项集体与球星的完美结合。足球运动是一项参与人数众多的集体运动，这类运动中常常存在"明星球员"与"普通球员"之分。然而，想要在一场比赛中获得胜利，绝不只是某个或者某几个"明星球员"的功劳，这需要所有球员改变机械分工的排兵布阵，合理组合灵活对战的阵形与队形，全队通力配合，运用各种战术技巧控制场上的局面，最终获得胜利。所以说，足球运动是一项包括"明星球员"在内的全部球员通力配合的运动。

（2）足球教师关注现代足球技术的发展方向。在近几十年的发展过程中，现代足球技术逐渐形成了"熟练、便捷、快速、全能、对抗强"的发展趋势，教师必须根据这一发展的大趋势，结合学生的心理、生理和智力发展特点，将足球的现代技术、足球教学方法与学生的个人发展条件相结合，开辟出适合学生学习和掌握的、难度适中的校园足球技术教学模式。帮助学生在理论与实践相结合的基础上，真正做到掌握足球运动相关的知识、技能与战术配合方法。

（3）培养学生的兴趣。并非所有学生最终都能成为专业的足球运动员，但是足球专业教师在开展足球教学活动时仍要重视对学生的兴趣爱好的培养，引导学生找到参与足球运动的乐趣，培养他们享受足球运动的能力，将之视为终身爱好，并且受益终生。

3. 促进学生德育、智育、美育发展

提及校园足球发展，大部分人会自然而然地将其与"五育"中的体育联系起来。开展校园足球教育，不仅有利于学生在体育方面的发展，而且对学生在德育、智育、美育等方面的发展同样具有重要的促进作用。

（1）足球教学中的德育发展。足球教学促进了德育发展，具体而言，

足球教学中的德育主要体现在以下几个方面：

①一个球队只有在积极健康的道德情感的引导下，采取统一行动，才能赢得比赛的胜利。在从备战到参与比赛的过程中，队友的责任感和全队荣誉感将随着各个球员之间的相互配合与集体的团结合作不断升华。由此可证，学校足球教学与实战不仅可以培养学生的集体主义精神，同时可以使学生获得良好的道德情感体验。

②足球运动本身具有对抗激烈、训练强度大、生理和心理负荷较重的特点。这些特质要求学生克服身心内外障碍，形成坚定的意志和优秀品质，自觉遵循道德规范，努力实现自己和球队的目标。通过学校足球教学与训练可以帮助学生强化心理素质，形成良好的人格品质和意志品质。

③学校足球本身具有组织严密、技术规范、规则严谨的特点。这就要求学生必须服从安排、听指挥，严格约束自己，处理好个人与集体的关系。从这一角度上看，校园足球教学与训练使学生意识到团结合作对集体活动的重要性，从而严格遵守组织纪律，形成良好的道德素质，同时还能使学生形成良好的规则意识与服从意识。

④足球除了存在明文规定的运动规则之外，同时还有一些特定的规则。例如，无论是在学校足球教学和训练中，还是在正式的足球竞赛中，学生都必须做到尊重教练，尊重对手，尊重队员，团结互助。粗鲁的行为、暴力行为、个人主义、无视球场规则等行为都将受到惩罚。因此，学生在学校足球教育各项规则潜移默化的影响下，可以自然地形成良好的自律行为、道德作风和道德行为。

（2）足球教学中的智育发展。一般来说，智力包括思维、注意力、记忆、想象、观察、分析和判断等内容。学校足球教学与智力教育的关系是辩证统一的。一方面，智力的增长与身体素质的提高密切相关，经常参与校园足球训练可以有效促进身体素质发展，拥有健康的精神面貌与体魄，就可以有更充沛的精力投入到学习中，对智育的发展十分有益。另一方面，个人素质的提高可以改善自身的智力活动。通过足球知识的学习，学生在技战术学习过程中不断通过记忆，评价和分析相关的运动、动作行为，能有效提高自身的记忆水平，同时还能有效锻炼思维，培养出快速的思考、反应与决策能力，进而提升学生的智力水平。足球教学中智力教育的主要任务如下：

①培养学生的想象力。想象是人们通过对过去记忆感知并且产生新图像的二次加工处理过程。在学校足球教学中，学生需要通过想象、表演、模仿等多种方式尝试体验战术活动。尤其是在足球比赛中，想象力将会一直贯穿整场足球比赛之中。如果学生在足球运动过程中没有想象力参与，就无法联想预判对方的运动，也无法与队友做好配合工作，如此，该运动就没有生命力，没有真正的运动灵魂。因此，学校足球教学有助于开发学生的想象力。

②培养学生的记忆力。首先，大多数足球教学是在户外进行的，因此学生必须在课堂上记住老师的理论叙述、动作演示、动作讲解等，并能够在实践中与记忆动作联系起来，构建出一个完整的技术动作描述，之后基于此不断练习，逐渐培养动作的敏捷性。再与战术、技术结合练习，提高足球水平。正确的技战术环节是一个球队参与足球训练和比赛的基础。任何技术或者战术的失误都会影响整体效果，这就需要教师在教学和训练中，对学生技术和战术记忆不断考察和纠错。因此，学校足球教学和训练必然可以增强学生的记忆力。

③培养学生的观察力。足球运动还要求学生具有高度的判断力和即时反应能力，能准确预测周围环境变化并且以一定的技战术动作应对。因此，经常参加足球运动可以提高学生听觉、视觉等感觉器官的敏感性。在学校足球教学中，学生对各种足球动作的理解主要源于观察教师的示范动作；其次，在运动过程中，学生需要根据现场快速变化的环境，利用技术行动的复杂性和多样性，关注自己的注意力和稳定性，同时始终观察同伴的状态并形成默契合作。因此，校园足球教学有助于培养学生敏锐的观察力。

④提高学生的思维能力。右脑主要负责情绪和意志，而左脑主要负责分析和思考。学校足球可以有效地锻炼学生的左右脑，提高学生的创造性思维能力。首先，在学校足球教学和运动中，学生为了应对激烈的竞争，必须快速思考，并做出判断和相应的反应，这要求学生在瞬息之间以最有利的反应应对富于变化的场内运动状况。从这个角度来看，足球运动能有效锻炼学生的思维能力和反应能力；第二，球场上形势复杂多变。双方都想控制对方，或者说双方都想摆脱对方的限制。因此，学生只能从具体的球场实际情况出发，制定最有利的策略，以锻炼思维的灵活性。从这点来看，学校足球教学与训练能显著提高学生思维的快速性、独立性和灵活性；最后，当学生参加足球比赛时，对球场上各种情况的分析和判断是独立的，这有助于提高学生独立思考的能力。

（3）足球教学中的美育发展。运动之美是运动中的技术美、战术美、健康美和意志品质美，运动美是一种独特的美。运动中的技术美是人体美和动作美的集合体现，体现了人的自身力量和体育美丰富多彩的内涵。健康之美是人的机体在健康状态下展示的美。意志品质之美主要体现在足球运动所要求的原则和精神之美，如机会平等、公平竞争、服从纪律、服从裁判等，还包括服装之美等。在学校足球教学过程中，足球教学的主要任务之一就是培养学生欣赏、感受、创造和表达美的能力。

①培养学生的审美力。竞技常识与审美原则的结合是学校足球教学教师必须关注的问题。科学、系统的教学往往可以使学生感受到肢体协调的运动美和体验身体健康之美，通过运动塑造肌肉的美感和身形线条的美感，提升学生多样的审美力。

②培养学生感受美的能力。美感认知离不开感性认知。因此，教师应在教学过程中正确引导学生意识与认知的走向，鼓励学生在体育教学中体验美和自觉培养审美意识。从体育和健康的角度，引导学生参与健康的审美活动。

③培养学生美的创造力和表达力。通常，人们的审美意识会对生活

产生影响，有艺术创造力的人可以根据各种体育艺术形式创造出比体育现实更强烈、更集中的艺术美。通过学校足球教学实施美育，不仅要培养学生对足球的兴趣和爱好，形成良好的体育作风和文明行为，而且要培养学生欣赏和表达美的能力，培养学生的自信心、创造力和独立性。

（二）学校足球教学的基本要求

学校足球教学基本要求有以下几点，如图 2-2 所示。

图 2-2　学校足球教学基本要求

1. 综合发展与体能增强相结合

学校足球教学不能仅停留在身体层面，即通过足球教学提高学生的体质，帮助学生塑造良好体格这一层面，更要促进学生的心理素质、身体素质、智力水平等多方面的共同发展。因此，要实现这一目标，必须遵循以下几点：

（1）树立正确的教学价值观。在当代教育标准的新要求下，学校足球教学不仅具有提高学生身体素质、改善机体功能的生物学价值，还具有运用教育学、社会学、心理学等方面的知识对学生心理进行教育的价值。这些价值的实现情况决定了学校足球教育的整体质量。

（2）教学内容和方法多样化。学校足球教学的准备、实施、回顾和评价阶段，必须结合学生各方面的特点，制定多样的教学内容，灵活运用多种教学手段和方法，促进学生的全面发展。

（3）制定教学计划。教学计划的制定与组织实施，应基于对足球专项训练的反思，既要保证学生综合素质的发展，又要通过足球教学促进学生综合素质得到提高。

2. 教师与学生相结合

现代教学是一项需要师生之间不断互动的复杂教学活动。在学校足球教学中，教师必须根据当代学生的身心特点，正确处理师生关系，充分发挥教师的引导功能，充分调动学生的主观能动性。

（1）树立正确的教学观。在学校足球教学中，教师是引导学生认识和掌握足球运动方面知识与技能的关键人物，是"教"的主体，学生是配合教师完成教学的必要角色，也是"学"的主体。为了获得理想的教学效果，就必须正确处理师生关系，充分发挥教师与学生分别在"教"与"学"上的积极性，消除教学过程中的片面教学观念，也就是单纯地"以教师为中心"或者"以学生为中心"的观念，以正确的教学观推动教学过程的顺利实施。

（2）充分发挥学生的积极作用。足球教师必须充分调动学生的主观能动性，促进学生发挥主观能动性是提高学生学习效率和激发学生学习动机的有效手段。足球教师想要充分调动学生的主观能动性，就必须引导学生明确学习目标，培养学生积极思考的习惯，激励学生形成勇于开拓实践的良好品格。

（3）充分发挥教师的主导作用。众所周知，教师在整个教学过程中起着主导作用，因此必须不断地提高教师的专业素质和教育水平。教师率先垂范，做到技术全面、知识渊博、平等待人、以身作则，为学生树立模仿榜样。同时，足球教师必须不断挖掘足球课程教学的灵感和艺术性，激发学生的学习兴趣。

3. 情感、思想和实践相结合

足球是一项对综合素质要求很高的球类运动。在体育运动中，学生是一个集情感、思维和实践于一体的完整、统一的有机体。足球教师必须能正确、灵活地处理各种复杂的问题，迅速、准确地分析和判断学生的身体、心理状态。因此，在学校教学过程中，足球教师应该注意以下几点：

（1）正确处理情感、思维和实践三者的关系。在学校足球教学实践中，能够最快建立动作表征的教学方法就是直观教学法。为了使学生正确理解运动知识的关键点和技术结构，快速掌握动作要领，教师应带领学生通过多次重复的模仿、有针对性的训练加上正确的思想引导，带领学生在学习足球的过程中进行深入的思考，不断强化运动思维，帮助学生养成良好的学习能力和思考能力，形成发现和解决问题的能力，并大胆地将直觉、思维和实践结合起来。

（2）结合实际因材施教。不同的学生在年龄、性别、自身素养、体能、理解力、运动能力等方面存在一定的个体差异，每个学生对足球运动的理解和掌握的情况各不相同。因此，教师在进行足球教学时，应充分了解学生的个体差异，在尊重学生个性发展的前提下，结合实际对学生因材施教。例如，初学者对足球运动的了解比较浅显，可较多地通过演示图像、视频等，帮助初学者建立直观印象，形成基础、全面的了解，感受足球的艺术性；对于一些对足球运动有一定了解的学生，则可将教学重点放在运动规则制度、足球运动理论知识、运动技术技巧、团队配合、战术变化、艺术性等更深入的教学内容上。

（3）使用多元的教学方式。在学校足球教学中，教师应采用演示、语言、照片、图形、视频、幻灯片、电影、实训实践等多种教学方法和手段进行教学工作，也可以通过组织观看比赛，帮助学生在最短的时间内了解每个足球动作的特点，树立正确的动作印象。

4. 渐进与系统相结合

学校足球教学不是一蹴而就的，它是一个循序渐进的系统性教学活动。学校足球教学中，教师必须运用科学的教学理论，注重将足球的组织形式和练习方法由简单到复杂有序排列，并使教学内容由易到难、足球运动强度由弱到强渐进发展。另外，足球教学活动由不同周期的不同阶段组成，每个周期和阶段的教学任务也各不相同。足球教师应有效衔接每个教学周期及其教学内容，有效设置教学活动，如图 2-3 所示。

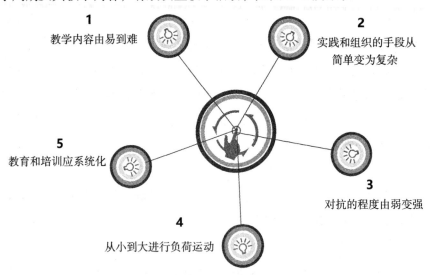

1 教学内容由易到难

2 实践和组织的手段从简单变为复杂

5 教育和培训应系统化

3 对抗的程度由弱变强

4 从小到大进行负荷运动

图 2-3 足球教师教学周期和阶段内容之间的衔接

教学内容设置：以传球技术为例，我们可以从最基本的步行弧线开始练习传球，直至熟练掌握，然后学习其他部位的传球，最后进行长传和空中传球技术的教学。在足球技战术的实践中，足球教师可以安排学生先模仿，然后练习，从局部对抗练习到一般练习。足球技术的实践应遵循从弱到强，从担任练习到多人对抗，最后通过实践检验学习成果的过程。运动负荷量是一个逐渐增加的过程，在组织运动时，教师必须处理好学生运动负荷与机体恢复之间的关系。足球教学的周期、阶段和任务是不同的，而系统的足球教学和训练可以积极、有效、科学地提高学生的技战术水平。

5. 实用性与综合性相结合

学校足球教学应将身体素质、技战术、心理、智力等方面因素结合起来，进行综合训练，使足球训练符合实战的要求。根据比赛的实际需要和要求，在平时练习中增加模拟练习，逐步提高训练练习的实用性。主要包括以下几个方面，如表 2-1 所示。

表 2-1　学校足球教学实用性与综合性相结合

技术与实践的合理结合	根据比赛需要，教师应合理交流不同的足球技术，组织练习，并根据学生自身特点和技术水平选择练习方法。
技战术与身体素质结合	教师应科学合理地组织密度、时间、强度、组数和运动量。
技战术和意识结合	教师应根据足球比赛的具体情况和要求，不断加强实践意识的培养，以提高学生的技战术运用能力。
技战术与对抗能力结合	教师应根据学生的具体情况，加大对抗力度。
模拟实战中练习技战术	在模拟实战的氛围和条件下进行练习，使练习适应比赛，提高学生的积极性。

（三）学校足球教学原则

学校的足球教学原则主要有循序渐进原则、主体性原则、有效性原则、直觉原则、对抗性原则五大类。

1. 循序渐进原则

学校足球教学中蕴含的循序渐进原则是指足球教师必须按照学科的逻辑体系和学生认知发展规律开展教学活动。依照从简单到复杂、从低到高、从单一到全面的方向整理教学内容，做好教学计划和实施教学过程，一方面有利于学生逐步掌握理论知识、足球技术、基本球场战术和对抗技巧，另一方面有利于形成一整套严密的教学体系。

遵循循序渐进的原则，主要关注以下几点。

（1）教学内容必须系统、完整。足球教师应在课程要求基础上，合理设置教学进度和课时计划，确保教学进度与足球教学规律相契合，按照由易到难、由简到繁、从不对抗到对抗的训练顺序安排教学活动，逐步增加运动量。

（2）教学方法必须系统、完整。根据学生动作认知、了解、掌握形成的一般规律，教师可以根据不同动作技能的习得时间、自身特点和学生掌握程度，灵活运用多种教学方法，从认知定向阶段到巩固阶段，再提高到熟练阶段有序、有效地提高学生的学习效果。

（3）合理组织运动负荷量。在学校足球教学中，教师在组织开展足球教学和训练时，应帮助学生做好生理和心理的双重准备。在组织足球教学时，足球教师应根据课程要求、学生自身身心特点、所处的环境等因素，合理控制运动量，保证学生承载的运动负荷在合理范围内。如果运动负荷量过强，则不利于学生身心健康发展，甚至会导致严重的运动损伤。如果运动负荷过低，则无法以足够的刺激调动学生学习和运动的积极性、能动性，从而无法使学生真正投入到学习和运动中，也无法得到有效锻炼。

2. 主体性原则

学校足球教学的主体性原则是指在体育教学过程中，教师应始终以学生为主体，根据学生的特点和需要进行教学，引导学生积极参与学习，充分发挥学生的创造性和自主性。在这一原则的指导下，教师教学应注意以下几个方面。

（1）学校足球教师和学生相互配合。足球教学中教师在尊重学生的基础上开展教学，发挥学生的积极性和创造性，学校足球教师应充分发挥引导作用，帮助学生探索、思考、认真训练，使学生更好地掌握足球理论、技战术方法，在运动过程中与学生相互配合，对学生进行及时指导，提高学生的观察能力、思考能力、反应能力、决策能力等，帮助学生形成独立分析和解决问题的能力。

（2）激发学生学习足球的兴趣。激发学生学习足球的兴趣可以使学生产生强大的动力，支持学生坚持学习足球运动。教师可以采用直接或间接的教学方式，使学生对足球运动产生强烈的兴趣，引导学生形成深入了解和接触足球的动机，从而为其暂时或长期学习足球和参与足球训练提供支持。

（3）引导学生明确学习目标。学习足球的效果与学习动机密切相关。一旦学生树立明确的学习目的以及合理的学习动机，一方面能形成良好的学习意识，使其积极主动投入到学习中，另一方面能为其长期坚持学习足球、坚持训练提供长效的支持与动力。

（4）教师的领导角色。足球运动要求运动员具备高度的战术思维、行动操作思维和快速反应能力。因此，在学校足球教学中，教师应以培养这三种能力为主要核心，运用联想、设疑、比较等教学方法，做好整体教学规划，带领学生积极思考和勤奋训练，最大限度地发挥学生的体育潜能。

（5）建立民主平等的师生关系。在足球教学中，教学环境对教学效果至关重要。在教学实践中，学生之间必然存在着身体和心理的个体差异，这就要求教师尊重学生各不相同的个性特点，与学生建立平等的师生关系，营造良好的教学氛围。

3. 有效性原则

学校足球教学有效性原则，是指一切具体的教学方法必须从最终教学的效果出发，以结果为导向。在进行足球教学时，教师应根据学生的具体情况，梳理好教学的主次部分，解决教学中的重点和难点问题。学校足球教学注重最终实效，要求帮助学生快速掌握知识和技能，在有限的教学时间内充分提高学生的身体和心理素质水平。

（1）改进教学方法。教学方法是完成学校足球教学任务、实现最终教学目标的直接手段，不同教学方法能在不同程度上影响教学质量。在组织足球教学活动的实际过程中，教师应根据新课标要求与最新足球的运动要求，深入学习教材理论知识和教学实践方法，充分运用现代教学及训练手段，尽最大可能提高学生学习效率。

（2）用唯物辩证法指导足球教学工作。在学校足球教学中，每一位足球教师必须从实际出发，从事物的本质上看问题，深入研究技战术的含义，把握教学重点和难点。

（3）根据现实不断解决新问题。在学校足球教学过程中，教师应注重参考足球教学的最终实效性，根据学生的实际情况不断调整教学方法和练习形式。

4. 直觉原则

所谓直觉原则，指教师利用学生的感官和已有经验，通过各种教学和训练，使其对足球技战术与理论知识有一定的理解，并在实战实践中充分利用，使学生更好、更扎实地掌握这些技能技术与战术，提高学生的思维反应和决策能力。

（1）明确教学目标和要求。教师应根据教学目标、课程要求和学生自身身心发展情况，确定清晰直观的教学方法。

（2）启发学生的思想。教学与训练中积极思考有助于学生形成正确的技术动作表达。从这一点不难看出，激发学生的思维是提高足球教学质量和效果的必要途径。

5. 对抗性原则

足球运动就是一项对抗性很强的运动。球员间的对抗贯穿整场足球比赛。因此，学校足球教学必须遵循对抗原则，这要求教师深入理解攻防转换规律。足球教师在制定相关教学计划和预备教案时，应正确处理攻击与防御教学内容的关系，帮助学生正确掌握攻击与防御的方法和技巧。攻击与防御是足球运动中必不可少的对抗技战术，帮助学生充分掌握这两个方面的技战术，并使其能在实战实训中灵活运用出来，是足球教学的重要目的之一，也是保证足球运动质量的重要条件之一。

第二节　校园足球的中外教学理论的比较

关于校园足球教学，中国与其他国家的理念主要存在以下几点差异。

一、理论与实践的差异

（一）国外教学理论的实践指导方法

国外一些水平较高的足球教练普遍重视让运动员掌握足够的、必要的足球理论知识，在开启运动学习之初就打下坚实的理论基础。运动员可以利用充分的理论知识更好地解决实践过程中遇到的问题，这为他们将来学习各种足球技术和战术提供了便利。

这一教学方式在中国专门聘请的外籍教练身上有直观的展现。比如前中国国家队教练霍顿和前中国青年队教练克劳森，都注重使用先进理论知识和专业知识为球员打好理论基础，培养理论知识和专业技能协同发展的运动员。

足球运动员不是单纯练出来的，只有将理论与训练相结合，才能培养出优质运动员。在开始训练之前，教练必须通过详细的讲解，明确告知球员在什么时候该做什么，在球场上该怎么做。因为详细的讲解能使运动员真正了解各种技战术的特点和每个位置的职责，当球员的思想发生转变时，球员才能有意识地、积极高效地学习理论与技战术。

此外，在西方的一些足球强国中，大多数学校都配备了专门的足球研究人员和医疗卫生员。科研教练员主要负责收集足球技术数据并提供给教练，除使用先进的科学手段监测和指导运动员的运动教育强度、密度、运动量和损伤程度外，还可以将收集的比赛数据整理出来加以分析，为教练员提供教学依据。教练员只有了解运动员的情况，才能有针对性、合理地组织教学。

随着现代足球运动的不断发展，西方的一些足球强国对运动员的技术战术和身心素质的要求越来越高，教学工作进程越来越细致，分工越来越明确，教学越来越系统化并具有针对性。

（二）我国足球教学理论的实践取向

首先，我国学校足球教练员队伍主要由退役运动员或其他体育项目的体育教师组成。退役运动员或其他体育项目的体育教师相较于专家学者而言，他们更相信实践取向会取得更有成效的效果，因此他们倾向于教授更加实用的实战技巧。

我国足球教学理论强调教授内容的实用性。比如，校园足球教学强调足球技术在比赛中的实际应用情况，以及学生是否具备日常练习的能力。教学的重点不局限于纯粹的理论化内容，而是考查学生是否具备足球运动的基本理论，学生是否掌握足球运动的比赛规则，以及技战术的理论水平，等等。对于校园足球的参与者而言，足球专项知识和专业理论知识并非必须掌握。

校园足球教练员对先进教学理论的理解需要更为深入，他们需要更

新教授的足球理念，使之符合现代足球发展的趋势。例如，在 20 世纪 70
年代，平行防守法曾经风靡一时，在这一时期教练员们应当教授平行防守
法。后来，由于人们大都使用自由中心防守策略来取代平行位置防守策
略，平行位置被使用得更少，甚至几乎被遗忘。平行防守法的教学也自然
被自由中心防守策略的教学所替代。因此，教练员应该跟紧时代的步伐，
用正确的理论知识指导体育实践。只有用现代理论知识武装足球运动员，
指导实践，让学生知道足球运动中要注意什么，重点和难点是什么，才能
激发学生参与教学活动和比赛的积极性，让学生自觉发挥主观能动性，进
一步提高技战术意识和水平。

二、足球技战术风格的差异

（一）国外足球教学技战术的风格观

欧美地区的一些足球强国的学校在面向各个年龄段学生的足球训练时，
有着统一的教学风格。这样可以方便官方选拔各个年龄层次的优秀球员进
行专门培养，转校的球员也不必花太多时间适应新球队，这种方式极大地
提高了培养足球人才的效率。巴西、阿根廷、英国和德国等国家的球队在
技术和战术风格上存在巨大差异，但是他们的足球队有很多相同和相似的
地方。日本足球的发展起步比中国晚，但是日本通过仔细研究世界足球的
发展规律，发现了这种统一风格足球的发展趋势，所以他们将这一模式运
用到足球教学中，要求其域内所有学校的足球教育和足球队借鉴国外足球
运动队风格统一的经验。经过多年的发展，日本足球已经发生了翻天覆地
的变化，在国际足球界中占有一席之位，日本的女子足球队在 2011 年夺得
了女足世界杯冠军。此外，日本各个年龄段的足球队都取得了不错的成绩。

（二）我国足球教学中的技战术风格观

中国不同年龄阶段的足球队，如少年儿童队、青年足球队到成年足

球队，技战术风格各不相同，各有特色，校园足球技术和战术风格也不完全一致。中国校园足球始终在广泛学习各国足球队技战术，取百家所长，并且根据中国学生不同的特点发展本国特有的技战术。

我国并不仅仅是简单地模范巴西、德国、荷兰和西班牙等多个足球强国的技术与战术，而是深入其内涵，试图探寻适合本国特色的技战术风格。一支足球队在进行对抗比赛的过程中要随时改变本队的技战术打法，学生势必要不断适应和学习新的技战术风格，这才是学生必须适应和掌握的技术与战术，才有利于学生运动技能训练的可持续发展，为我国足球人才的培养提供了培养思路。

因此，中国学校足球队技战术风格的确定始终凭借着中国学生的特点，结合从足球强国学习到的战术技能与对抗经验，创造自己的技战术风格和打法，以自己的特点走向世界球场，并尽快达到亚洲和世界足球的发展水平。

三、足球项目的差异

（一）欧美足球学习规划

欧美一些足球强国的国家足球协会面向全年龄段的青少年足球教学时，都制定了科学、详细和统一的教学与实训方案，围绕各年龄段青少年足球技术战术、身体素质和心理素质制定了相应的教学任务，教学重点突出，要求严格，效果显著。

统一规划是指在全国范围内实施，这样可以使青年学生全面、系统、扎实地掌握各种运动技战术，有利于提高学生的集体战术水平，促进学生身心素质和运动技能的可持续发展。

因此，欧美足球强国的学生技战术基础扎实，水平较高。这些学生能够灵活、自由地完成各种高水平足球技术动作，能够快速适应各种足球赛场和强对抗的赛事。

（二）中国足球学习规划

目前，中国学校足球队教学规划也正在朝着科学化、详细化、统一化的方向发展。我国学校足球队的教学已经改变了原有的教学不够规范、学生的体育基础不牢固的局面，正在探寻我国学校足球队的发展之路，培养我国足球优秀运动员，必须重视制定统一教学的规划和教学规划的实施。

四、足球教学方法的差异

（一）欧美足球教学方法

为了实现教学与实践的一致性，使教学有的放矢，欧美大部分足球强国在校园足球教学中主要注重对抗教学。经过一段时间的教学、实训，学生们被训练到不怕压力，能够适应激烈的竞争和对抗的程度，特别是对抗性的特点在专业足球学校的教学中最为突出。

以对抗性为基础的教学和实践教学不仅是一种外在的攻防形式，更是一种学生可以深刻体验实践对抗的强度和真实性、能真实参与的足球比赛。在对抗式教学中，学生之间的攻防十分激烈，甚至时有发生伤害事故。足球运动员需要在比赛中保持身体素质、心理素质稳定，即使在激烈的对抗游戏中，学生的技术动作也不会受到干扰，可以正常甚至超常发挥。

（二）中国足球教学方法

从教学方法来看，目前我国大多数学校足球队的教学主要采用了非冲突方式进行。即使在足球专业的教学中，高速足球和强对抗的教学也很少见。导致这种情况的因素是多方面的，可能来自学生的个人意愿——学生害怕因对抗而受伤，也可能来自学校的压力——学校想要避免学生因碰撞而受伤，也可能来自家长的压力——家长不希望他们的孩子受到伤害。

因此，在脱离激烈对抗的实战教学中，学生难以形成对抗经验和足够的心理素质，在比赛中不敢施压和对抗，技术动作容易变形，技战术水平难以正常发挥。

我国学校足球教学应积极吸收世界足球强国的先进教育观念与经验，明确教育目标，科学、合理地制定具体、全面的教学计划，并对教育计划做出分解，灵活运用适当的教学方法，结合学生的实际情况进行循序渐进的教学，以此提高国内学校足球教育的整体水平，为我国足球事业的发展培养储备力量。

五、体育锻炼的差异

（一）足球强国的训练将体能训练与实战有机结合

欧美足球强国在准备阶段或青少年打基础时常用阻力训练，如长跑、越野跑和变速跑等方式。随着青少年年龄和训练水平的提高，其体育锻炼水平也在提高。

足球运动员只有做好充分的体能准备，才能保证自身身体素质满足高强度比赛的需要。因此，足球教师必须在体育锻炼过程中合理利用运动负荷来实现这一目标，通过递增变化的运动强度提高运动员对足球对抗运动的适应能力，激发运动员的潜能，从而在一定程度上提高运动员的体能训练水平，为满足比赛强度的需要奠定坚实的基础。

（二）中国足球的体能训练趋向多样化

目前，我国绝大多数校园足球的体能训练采用越野跑、长跑、速跑、变速跑等方式。为了丰富锻炼方式，他们还从国外学习和借鉴了溜溜球、负重等训练方法和测试方法。多样化的体能训练一方面可以避免单调的训练带来的枯燥与疲惫感，另一方面也从多角度调动了运动员的各项身体潜能，为学生在赛场上表现出更好的状态奠定了基础。

第三章　校园足球教学体系建设

第一节　校园足球教学体系建设的必要性

构建校园足球教学体系是实现校园足球教育快速发展的重要要求。校园足球教学体系建设是有助于校园足球高质量发展的可行规划，可以为校园足球教育事业的发展提供系统依据，构建校园足球教学体系的第一步是对该体系进行科学、合理的分析，这也是必要的一步。

一、构建校园足球教学体系的必要性

开展足球运动对保持身体健康和维护心理健康有积极作用。对于学生而言，适当参加足球运动，有利于其身心各方面协调、健康发展，促进其健康成长，使其保持健康的体魄与心态，从而更好地面对生活与学习的各个方面。

（一）足球教育的意义

1. 体育锻炼可以减轻压力

压力对人的生活、学习都有很大影响。在学校里，沉重的学习负担往往会带给学生巨大的身心压力。如果学生的压力长时间得不到有效疏解，会严重影响学生身体和心理健康发展。过重的压力甚至会为学生的日常生活、学习与人际交往带来巨大困扰。

足球是一项有益于学生全身心健康发展的体育活动，它可以让学生从学习中转移注意力，通过运动有效舒缓压力。训练结束后，学生的身体机能与心理素质都能得到有效提升，从而更有动力去完成其他任务。许多研究也表明体育锻炼和减压之间有着重要的联系。

2. 足球带来健康，促进学生个人发展

足球运动作为一种世界流行的运动方式，集合爆发力练习、敏捷度练习、柔韧度练习、力量练习等多项练习内容于一体，有利于青少年身体素质发展。

在规划校园足球体系建设时，必须充分考虑学校足球对于有效改善学生体质、心理健康方面的积极作用。校园足球体系建设的首要目的应该是提高学生的身体素质，促进学生综合素质全面提高。校园足球体系建设的方方面面，都应该基于学生身心发展的规律，学习与实践的内容要依照从简单到复杂、从易到难的顺序，一步步发展。

3. 足球培养良好的品质

足球运动不仅可以对人的身体和心理带来积极影响，而且可以作为一项团体合作运动，可以培养人良好的品质。

（1）决策。足球是一项纯粹的球员间互动运动，非常考验球员间的配合默契程度、反应速度等。在运动中，教练没有机会告诉球员该去哪里，学生们不得不飞快地在比赛中调整和做决定。

这意味着学生们需要自己在运动中做出正确的决定，也意味着必须教导他们如何在实践中处理各种不同的情况，并告知他们如何对于球场中的运动状况进行快速评估，以便做出正确的应对措施。这也意味着学生需要在赛后对比赛过程、比赛结果进行复盘与练习，以便在未来遇到同样情形时，做出其他更加科学的决定。

（2）团队合作。当学生踢足球时，他们会很快意识到足球不是单兵作战的运动，场上不仅仅是"我和球"，如果任何一个学生试图凭借自己控制比赛，他的球队将很快被另一个队包围。因此，每一个球员都应意识到他们必须依靠队友一起来完成场上比赛，这有利于其形成良好的团队意识。

当学生作为团队的一部分踢球时，他们也开始明白如何利用不同技术和战术，通过团队合作实现本球队进分这一最终目的。譬如，X 学生的优势在于有很快的奔跑速度，能做到快速控球，而另一个学生 Y 则擅长精准射门。一旦他们意识到如果 X 很快得到球的控制权，他可以传给 Y，就可以通过各位球员配合，传球、带球跑、Y 射门最终得分。

（3）责任。很多学生第一次接触足球运动时，总会以很低的配合度围着球场跑，在没有战术指挥和分工配合的情况下在场上追逐足球，这种现象十分常见。然而，随着他们逐渐掌握一定足球知识，并且参加过几场足球训练后，他们会快速意识到，如果每个人互相配合起来，以团队合作进行比赛，会获得更理想的效果。通过配合与练习战术，学生可以意识到不同的位置有不同的作用，且对团队而言，每个人都同样重要，只有承担好自己位置的分内责任，与团队协调配合，才能在最大限度上发挥自己的价值，得到最理想的运动成绩。

一个足球队通常由23名队员组成，其中大名单18人，场上比赛11人，替补5人，这23人中分别负责门将、前锋、中场球员及后卫的位置，无论参与比赛，还是作为替补，都应肩负起自己的责任，做好分内的事情，团结合作，互相支持与配合，从而取得理想的成绩。如果任何位置的学生没有肩负应承担的责任，在其位而不发挥应有的作用，则很可能导致整个团队的失败。因此，负责任是每个参与足球运动的学生都必须要有的品质。

（4）预期思维。随着学生在足球运动中积累的经验越来越多，他们开始在运动的过程中时刻留意队友的位置与球的位置和动向，与队友进行良好的配合，同时还会时刻注意对方的位置与行动，对对方接下来的动作做出预判和应对，这样的变化和习惯有助于学生养成良好的预期思维与空间意识，不仅能对正在发生的事情快速做出正确的反应，而且有助于对即将发生的事做出较为准确的预判，从而未雨绸缪。例如，在运动中，学生可能会注意到队友空位，并开始计划如果那个球员得到传球，他们需要去哪里。

（5）毅力。足球界的传奇球王贝利曾经说过："成功不是偶然的。这需要努力工作、坚持不懈、学习研究，最重要的是，热爱你正在做的事情或学习做的事情。"

当学生踢足球时，他们必须知道成功并不容易。与得分可以达到两位数的篮球不同，足球并不以进球多而闻名。因此，当球真正越过守门员入网时，总会有一种欢欣鼓舞的感觉。在足球比赛中，进球得分是一项巨大的成就。

足球还教会学生如何在事情不顺利时振作起来。因为他们还在协调能力发展期，学生经常会被自己的脚绊倒，或者在最激动的时候被不小心撞倒。当这种情况发生时，他们总是可以重新振作起来，重新投入到比赛中。这能很好地锻炼学生的毅力。

4. 团队合作和公平竞争

公平竞争要求过程公平、结果客观。有些人在团体社交活动中总是受欢迎的，这是因为他们有公平竞争的意识。一个人的名声是由其自身的各种行动塑造的。如果做人真诚且公平，则会吸引那些想法和行为都相同或相似的人。

如何竞争？竞争有两种类型：与他人的竞争，和自己的竞争。足球运动同时涉及这两种类型的竞争。当你面对一个对手时，你必须研究对手并批判性地思考如何才能打败他们，提出一个实施计划，并使该计划执行。

就个人而言，你必须改善你的身体，成为一名更好的球员。如果你不学会每天与自己竞争，并提高自己，你将是链条中最薄弱的一环。这本身就有足够的压力去改善。

5. 培养成功的心态

参与足球运动时会与其他足球队不断进行竞争，学生会在竞争中不断学习和了解更多的事物，不断成长。所以说足球运动是一项非常有教育意义的活动。作为一名学生，最重要的事项是发展和塑造自己的心态，其次要不断调整与发展思考、感知、行动和反应的方式。当你练习足球时，你将能够学到以下事情：成功来之不易，你必须为之努力；放弃不是一个选项；如果你不够优秀，那就要更加努力，更加聪明；伟大的成果会得到回报；有效的团队协作带来高于平均水平的结果。

足球运动为学生带来的不仅是一项身体技能，也帮助其团队合作、毅力和决策等技能的形成与提高，他们能够将这些技能应用到生活的各个方面。此外，足球运动还教会学生们勇于面对生活，积极迎接挑战，精准把握机会，形成良好的交际能力和解决问题的能力。

（二）足球教学体系构建的意义

1. 知识与技能兼修，素质与实用相辅

足球作为一类体育项目，在学习和提升的过程中需要注重基本的知

识储备并探究习惯与技能，因此教学过程中应当注重知识与技能的双重教授，确保学生在学习过程中实现二者兼修。注重提高学生身体素质和足球素养，内化为强身健体的基本理念，并切实有效地付诸实践，可以有效提高课程的实用功效，发挥足球教育的实际价值，提高学生的综合体育素质，也能引领精神追求。.

2. 加强技能训练，提高文化素养

对于足球课程而言，系统地进行相关技能的训练，注重运动感觉的培养，可以使学生具备扎实的足球技术功底，深入地探究和实践，不断提高足球素质水平。结合训练、赛事分析、战术演练等教学活动，适当进行足球文化教育，可以使学生对足球的丰富内涵和深厚底蕴加深了解，获得初步体验和感悟，从而提高自身素养和境界。

3. 强调规则纪律，尊重发展个性

足球是团队项目，需严格按照比赛规则进行，因此在教育过程中应以相关足球理论知识为基础，以经典案例为借鉴，培养学生的团队意识和规则意识，帮助学生树立正确的运动态度，使其养成良好、正直的赛场风格。此外，教师还应尊重学生不同的兴趣方向、体能水平、技能天赋，鼓励学生进行探究和创造，勇于表达，展现个性，将足球课程作为学生自我体验和自我建构的特色载体。

4. 面向全体普及，因材施教提高

高质量校园足球教育教学要求以基础性课程为载体，面向全体学生，普及足球理念、知识和技能，奠定学习基础。同时，适当增加延伸性课程和跃升性课程在整个教学中的比例，关注学生的个体差异，因材施教，这样可以为有足球兴趣和具有足球天赋的学生提供深度发展的空间，为特长学生成长提供机会。

（三）学校足球的发展需要

学校足球教学是一门专业课程，在我国发展时间较短，其内容、体系等还需不断完善。无论对于教师还是学生都是新的尝试与挑战。正因为学校足球发展空间巨大，国家学校足球教育部门的政策和方针也在不断调整发展。国家十分重视学校足球的发展，近年来在学校足球方面投入了大量的人力、物力和财力，促进学校足球的健康发展是我国校园足球体系建设计划的重要内容之一。

（四）发展本国足球事业必要条件

目前，我国足球运动发展速度相对缓慢、发展水平有待提高。因此，要想振兴我国足球事业，必须从校园足球着手，激发学生参与足球运动的热情，提升学生足球活动的实践水平，为中国足球事业的振兴与发展选拔有潜力的人才。为此，在制定学校足球体系建设规划时，必须立足振兴国家足球事业的高度，推动国家足球事业的发展，切实搞好校园足球体系建设。

二、构建全面的校园足球教学实施体系

校园足球课程的实施过程需要各方积极参与，按照全员、全程、全面的原则，构建全方位、全覆盖的实施体系。

（一）环境渲染

课程实施除需要具备课程本身的基本要素之外，还需要学校营造和渲染适当的内外部环境，为课程提供与之匹配的教学环境与氛围情境，从视觉、听觉、触觉等多个感官层面向学生施加影响，协助课程顺利开展。例如，学校内部环境与学校外部的道路、建筑、设备、设施，都可适当增加足球元素，营造良好的学校足球文化氛围。

（二）课程渗透

课程是实施体系中主要、核心的部分。根据学校"跬步课程"的总体设计，校园足球课程建设可以划分为基础性课程、延伸性课程、跃升性课程三个类别。基础性课程强调在国家课程中，增加小学足球发展理念、目标和要素，力求校园足球课程的特色化实施；延伸性课程以校本课程为主要形式，强调以兴趣为支撑，突出知识、方法和文化个性；跃升性课程以球队、社团、专业活动为主要形式，以技能提升为主要内容，力求专业化、丰富化、国际化。

（三）文化建构

校园文化作为一种环境教育力量，对学校整体发展和学生个体发展均有巨大影响，应以"跬步课程"体系和校园足球课程的理念目标为统领，从精神文化到物质文化、行为文化，全面推动校园足球文化的构建，实现时间、空间的全覆盖，达成全员、全程的文化深化。

（四）品牌建设

校园足球建设不应局限于课程教授层面，而应该转型发展思路，以升级发展理念为基础，以立足个性、发展特色为重要前提，以激发潜能和培育分化为重要目的，创立课程品牌，引入项目驱动。在精神文化、物质文化、行为文化全面建设的基础上，整合校内外足球教育的各类资源，把足球特色教育贯穿于学生培养、师资队伍建设、课程设计、实施管理、监督评估等学校足球教育体系建设的各个方面，全方位打造高端特色品牌，让校园足球特色和精神内涵保持统一，带动学校整体足球文化的提升和足球教育品牌集群的建立。

第二节　校园足球教学体系建设的原则

校园足球教学体系建设的原则，是校园足球教学体系建设的指导，具体包含以下四个原则：人本原则、求实原则、开放性原则、层次性原则。

一、人本原则

（一）人本原则的内涵

人本原则以学生的利益为最终依归，它以学生的利益为重，这是校园足球建设的中心点，也是基础点。校园足球教育在构建学校足球制度的过程中，必须以学生个人发展的要求、学生的想法、学生的感受和需求为基础，把学校足球制度的建立与学生的价值追求联系起来，使学校足球成为学生健康发展道路的重要组成部分。以人为本的足球制度，一方面可以激发学生的积极性和创造性，另一方面又为学生的自由和全面发展创造条件。

（二）坚持人本原则的必要性

坚持人本原则是校园足球教学体系建设的一项必然之举。以下四点共同诠释了坚持人本原则的必要性，如图 3-1 所示。

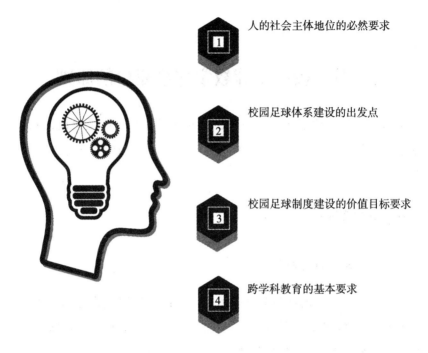

1 人的社会主体地位的必然要求

2 校园足球体系建设的出发点

3 校园足球制度建设的价值目标要求

4 跨学科教育的基本要求

图 3-1 坚持人本原则的必要性

1. 人的社会主体地位的必然要求

从哲学层面上讲，"社会是人的社会"①，人是社会活动的主体和参与者，所有的社会活动都是通过人来进行的，人的本质是社会关系的总和，人是社会行为的主体。因此，学校作为学生参与社会活动一个重要场所，在学校足球制度建设中，也必须尊重学生的基本权利，维护学生的基本利益。校园足球教学体系建设是为人的身心发展作出贡献的重要举措，是一项利国利民的重点建设项目，是推动个人与社会高质量发展的必然之举。

2. 校园足球体系建设的出发点

坚持人本主义这一原则，既是学校足球体系建设的出发点，也是学

---

① 李树申，闵宝利. 马克思主义原理［M］. 长春：东北师范大学出版社，1987：86.

校足球体系进一步完善的内在要求，同时也是学校足球高质量发展的落脚点。在学校教育方面，学生主体意识把控是整个学习活动的中心和出发点，这意味着所有的教学活动都应围绕促进学生的身心健康发展组织开展。因此，学校在建设足球体系时，应注意学生自身发展的三大需要，即物质、社会及精神方面的需要。

3. 校园足球制度建设的价值目标要求

坚持以人为本的原则，是学校足球制度建设的价值体现。建立高效完善的学校足球制度，旨在实现培养学生足球知识、足球技能、足球素质的重要目标。因此，在建设与完善足球教育体系的活动中，必须始终坚持以马克思主义人本思想为指导，坚持人本主义原则，不断开拓创新。只有这样，学校足球体系建设的目标才能实现。

4. 跨学科教育的基本要求

跨学科教育是将不同学科进行联系的教学，其目的是保证学科之间的关联性，进而促进学生对知识的融贯汇通，强调尊重学生、重视学生个人意识与主体地位的体现。体育事业的跨学科教育必然与非体育事业的教学相融合，各级学校应将学校足球学科教学和其他学校体育教育方面的基本任务紧密联系，保证关注学生在"体育"方面的发展，同时关注有利于学校足球教学的新理念的发展更新，力求从教学的内容、方法、模式等多个方面，促进学校足球教学的制度化、系统化、科学化发展。各级学校应始终坚持以学生利益为中心，以发展民族足球为原则，坚持足球发展与人的全面发展总目标相一致。同时，研究者可以以此作为开展现代学校足球理论研究和实践研究的切入点，由此在足球教学研究中有所建树，并进一步推动现代学校足球学科的科学发展，进而深入探索学校足球教学的内在发展规律，并探寻现代校园足球教学的中国发展之路。

（三）人本主义原则的基本要求

人本主义原则的基本要求就是，必须爱护、尊重、关心学生，关注他们自身发展的利益，这也是学校足球制度建设的基本前提。这一原则对学校足球制度的建立提出了许多新的要求。

1. 提倡人道主义的概念

马克思主义强调人与人平等的思想。因此，学校足球制度建设必须以人人平等为原则，关注学生在足球学习中出现的问题，关心学校在足球制度建设中面临的具体问题，以马克思主义思想为解决问题的理论指导。

值得一提的是，在各项教学实践活动中，必须特别注重学生的个人利益、个人目标、个人发展和个人价值的实现。过去的历史经验证明，以足球教育的老旧价值观为指引，不顾及学生自身的各项利益，将足球教学变成简单的说教，最终只能导致教学效果不尽如人意。因此，在新时代背景下，学校必须从人本主义的角度出发，关注学生各项利益，摒弃对学生利益的罔顾与学生个性发展的压制，承认学生的合法利益和学生的发展要求，帮助学生把握实现自身利益的机会；同时，通过将学生个人利益置于与公共利益双向互动的语境中，反思学校足球制度建设路径的合理性，从而使学校足球体系建设成为现实。

2. 尊重学生主体地位

学生是参与教学活动的主体，"主体"实质上反映了学生在教学活动中的地位。尊重学生的主体地位，首先是允许并鼓励学生在足球教学中，激发自身的自主活动和创造力。客观上，尊重学生的主体地位是贯彻人本主义原则的底线要求，学生自主性是学生实现自我意识觉醒、自我调节、学生自我发展和实现自我的内在力量，挖掘学生自主性能够为深化和创新校园足球制度提供强大动力。此外，与尊重学生主体地位有着密切关系的，是关注学生个性的发展，这既有助于增强学生自主学习足球的动力，也是全面提升学生足球能力的必然选择。

二、求实原则

（一）求实原则的内涵

求实原则也被称为实事求是原则。校园足球系统建设的全过程必须始终坚持求实原则的指导，坚持理论与实际相结合，一切从实际出发，实事求是。求实原则体现了马克思主义唯物辩证法、认识论的有机统一，同时也是党的思想路线在学校足球体系建设中的体现。

（二）求实原则的必要性

是否重视建立校园足球体系的现实性、是否遵照实事求是的原则，是校园足球体系能否产生效果的一个最重要方面。坚持校园足球体系特别是学校足球制度建设是建立在实用主义原则基础上的，其必要性主要表现在以下两个方面，如图3-2所示。

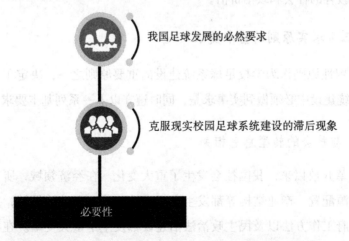

我国足球发展的必然要求

克服现实校园足球系统建设的滞后现象

必要性

图3-2 求实原则下建立校园足球体系必要性

1. 克服现实校园足球系统建设的滞后现象

虽然目前很多学校都已经主动采取了多项措施，改善学校的足球制度建设，并且取得了比较显著的效果。然而，伴随社会发展对知识型人才的需求日益增加，导致当前体育教育越来越远离学校的教育重心，足球教育更未被纳入学校优先发展的范畴。学校教育优先事项与学校足球发展之间的脱节，导致当前学校在学校足球系统建设方面出现滞后现象。这种滞后必然对国家学校足球教学的发展产生巨大的影响。因此，学校足球系统的建设必须以现实主义的原则为基础，加强足球教育的内容、建设理念、建设方式等方面的多维创新，旨在适应现代足球的环境。

2. 我国足球发展的必然要求

目前，虽然我国足球事业与西方足球强国相比仍然处于发展缓慢的阶段，但总体发展状态趋势较为良好。在这一背景下，学校足球体系建设需要寻找一种基于求实原则的方法，将提高学生的足球知识水平、培养足球技能、足球道德与发展国家足球事业的总体目标结合起来，充分发挥学校足球教育的社会和政治价值。

（三）求实原则的基本要求

实用性原则作为学校足球系统建设的重要原则之一，决定了在学校足球系统建设中必须做到实事求是，同时遵守以下一系列基本要求。

1. 与社会的转型息息相关

改革开放以来，我国社会发生了重大变化。在经济领域，所有制结构、资源配置、产业结构等都发生了根本性变化。在政治领域，执政方式、政府工作方法以及民主政治法治建设都发生了重大变革。在社会领域，单一的结构被打破，多层次的社会结构开始形成，社会功能由单一性向综合性转变。这显示我们的社会正在进行全面转型。面对这样的社会转型，校园足球系统建设必须立足实践，按照我国当前社会转型需求与要求，增强学校足球活动的针对性。

2. 与新情况、新要求密切相关

互联网信息技术的飞速发展对当代学生的心理成长具有巨大的影响，这对学校足球系统的建设提出了严峻的挑战。在建设过程中，坚持实用主义原则有助于消除这些矛盾，这既关系到学生足球的发展，又关系到国家足球事业的稳定发展。

因此，学校足球教学体系建设应以实践为重点，不断探索和丰富新条件下学校足球教学体系建设的内容和方法。只有这样，学校足球学科教学才能取得实实在在的成效，为足球教育发展注入新的动力。

三、开放性原则

在互联网高度发展的今天，闭门造车是不可取的。因为开放、包容、学习是整个社会发展的特色，坚持开放包容的心态，必须作为校园足球系统建设的重点参照原则。

（一）开放性原则的内涵

所谓学校足球制度的开放原则，指在学校足球制度建设过程中，制度内容、足球培养内容及目标、足球人才培养要求等，始终与国家、社会、学生家庭等保持密切、全面的联系。

（二）开放性原则的必要性

校园足球体系特别是学校足球制度的建设，必须以开放性原则为基础，其必然性主要由以下三个方面决定，如下图所示（图3-3）。

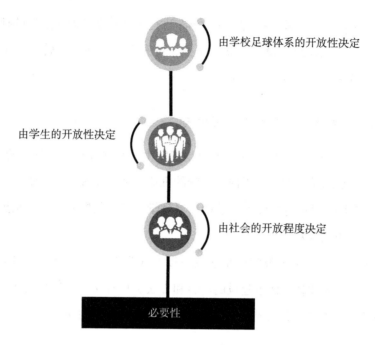

由学校足球体系的开放性决定

由学生的开放性决定

由社会的开放程度决定

必要性

图 3-3 开放性原则下建立校园足球体系的必要性

1. 由社会的开放程度决定

开放性是现代社会的基本属性之一。一方面，社会作为一个不断发展的系统，想要顺应时代发展，必须不断进行发展变革，保持物质、能量和信息相互交流。另一方面，学校足球是社会发展的产物，因此从这个意义上来说，处于社会之中的校园足球体系建设必须与社会发展相适应，也保持开放性原则。

2. 由学生的开放性决定

随着我国学校教育改革的进一步深化，以人为本原则深入贯彻，学生的思想不断自由、灵活、开放，不再受到老旧思想的束缚。这种思想开放性主要表现在两个方面：第一，学生开始主动接受新思想、新理念，能积极思考和研究新问题，学生的创造性和自主性思维深入发展。第二，学生面对多种思想的冲击，对许多问题的想法表现出过度的现实特点。例如，在面临利益矛盾问题上，只强调个人的利益，往往罔顾其他人，甚至轻视国家和社会的利益。而学校对学生进行开放性教育指导，有助于开阔学生视野，增长学生见闻，利用学生灵活的思维帮助学生了解和学习更全面的知识，并提高学生对其他非利益事物的关注度，以科学的方式帮助学生更好地学习和成长。

3. 学校足球体系的开放性决定

足球具有开放性，这种开放性更多地体现在全民参与和运动方式上。学校足球同样具有开放性，这种开放性不仅体现在所有条件适合的学生都有资格接受学校足球教育，参与校内足球运动方面的各种比赛，还体现在足球运动本身，在球员形象、球员性别、球员年龄、教学内容、教学方式、运动模式等都有很大的开放性与包容性，学校足球制度也具有一定开放性，能在很大程度上满足不同条件与需求的学生参与足球运动。

（三）开放性原则的基本要求

1. 纵向贯通

在学校足球系统建设过程中，要注意其现实、历史和未来的联系，保持学校足球系统建设的纵向贯通。当前的形势是由历史发展而来的，同时也是今后前进发展方向的基础。因此，要明晰学校足球系统建设的现状和过去发展脉络，厘清正确有效的内容，找出更高效的方法，基于预期目标对现有基础做出更高质量的发展建设；明确需要维护或加强的建设内容，则需加以改进；辨明错误的或效果不好的建设工作，重新规划，保留有效部分，重建和建设剩余部分。

2. 横向联通

学校足球体系建设需要综合运用社会学、教育学、心理学等相关学科的知识。因此，在学校足球系统建设过程中，首先要加强与这些相关学科的联系，及时跟踪这些相关学科的发展情况和研究成果，为学校足球系统建设提供理论和信息支撑。其次，根据形势变化，以及党和政府的要求，不断分析评估学校足球系统建设情况，以提高学校足球系统建设的工作效率。另外，要加强学校与企业的合作，不断完善成果，逐步形成满足人才培养需求的学校足球系统。

3. 进一步开放

在学校足球系统建设过程中，要有更大的开放性。目前，我国学校足球运动的发展速度正在逐步加快，应基于这一背景对学校足球系统的内容不断做出调整和加以丰富，以提高其开放性，是校园足球系统建设的必要要求之一。近年来，国内一些大中城市的学校在建立学校足球体系方面取得了令人瞩目的成绩，教学质量也逐年提升。

4. 多种途径

加强学校足球制度建设的同时，寻找多种途径建设和发展学校足球系统，可有效提高系统建设的开放性，这是学校足球系统建设中坚持开放原则的又一要求。可从国外学校足球系统建设中寻找可行经验并借鉴，也可以利用互联网，助力学校足球系统的建设。

四、层次性原则

（一）层次性原则的内涵

所谓层次性原则，是指校园足球体系的建设工作要从学生的特点出发，根据不同学生的思想水平的不同，采用多元化的教育方式，基于对学生个性特点的尊重对其施行分层次教育。

从本质上说，层次性原则要求我们在建设校园足球体系时，重视学生的个体差异，并根据学生的不同层次，因材施教，有的放矢、对症下药地选择相应的内容与方法开展教育实践活动，进而加强足球教学体系的权变性。

（二）层次性原则的必然性

从学生各自的不同特点和实际情况出发，进行有针对性的建设，是校园足球体系建设的根本要求。坚持校园足球体系特别是学校足球制度建设应遵循层次性原则，其必然性主要表现在以下两个方面。

1. 由学生个人能力和素养的层次性所决定

从校园足球教学的实践来看，学生学习能力和自身素养所表现出来的差异性、层次性，决定了校园足球体系的建设工作必须始终坚持层次性原则。

2. 由学生对事物认识的差异性所决定

在校园足球体系建设过程中，学生对校园足球教学活动认知存在着不同程度的差异，学生的参与程度各有不同，这决定了校园足球体系的建设工作必须坚持层次性原则。

由于受各种主客观条件的限制，学生对校园足球教学活动的认知、对自身的认知也不尽一致，呈现出明显的层次性。例如，在校园足球教学活动中，学生反映出来的学习态度、价值观念、道德观念等，可能与当前学校对校园足球教学的具体要求存在一定程度的差别。这种现象，一方面表明校园足球体系的复杂性和层次性。另一方面，也为校园足球教育体系遵循层次性原则的建设提供了客观依据。

（三）层次性原则的基本要求

1. 正视学生间的差异

在建设校园足球体系的过程中，首先要承认、正视学生之间客观存在的差异，并正确对待这种差异。但要明确的是，正视差异不等同于迁就和包庇，而是秉承求实态度，开展校园足球体系建设工作。

2. 尊重学生的主体地位

在校园足球体系建设过程中，教师在面对层次各不相同的学生进行足球运动技能、足球理论知识等的教学时，应在情感上平等对待每个学生，尊重每一位学生的人格，认真倾听他们的切身要求，关注他们各方面的利益需求点。与此同时，引导他们发挥自己的长处和优点，扬长避短。教师要以积极的态度关注、爱护学生，绝对不能放弃层次较低的学生，更不能歧视基础素质较弱的学生，应注重学生的全面发展与个性化成长。

3. 多元方法导向

在校园足球体系建设过程中，教师要对不同类型、不同层次的学生采取不同的教育方式和方法，也就是所谓的因材施教。同时，面向不同层次的学生，要认真交流和沟通，帮助学生不断提升。

第三节　校园足球教学体系的方法与内容

一、校园足球体系建设计划的主要内容

足球作为体育运动的一个重要组成部分，其参与人群覆盖范围十分广泛。据统计，足球是目前世界上人口参与率最高的运动之一。其参加对

象具有广泛性特点，原因如下：首先，足球运动不受场地、设备和设施的限制；其次，足球运动参赛者的年龄、性别、职业、受教育程度高低、爱好等因素也不受限制；最后，无论经济条件如何，都可以学习足球，练习足球。

足球有着广阔的发展空间，足球运动对强健民族体魄、提高民族素质、丰富人民文化生活、促进社会主义物质精神文化建设都具有重要影响和作用。足球运动受到各级政府和组织的高度关注与重视。由于学校足球是足球运动的一部分，针对学校、教师和学生的具体情况和特点，制定学校足球体系建设计划，有针对性地建设符合学校足球发展特点的学校足球体系，旨在实现由教师教授足球，最终提高学生踢足球的能力，使学校、教师和学生都能感受到学校足球的理论与实践价值。

由于学校足球系统的建设规划本身相当复杂，规划参与者需要了解和掌握学校足球运动的理论知识与实践水平，以便在实践中切实精准地规划学校足球体系的建设。一般来说，学校足球体系建设规划可分为长期计划、阶段计划、周计划等，具体如表3-1所示。

表 3-1　校园足球体系建设规划

计划内容	长期计划	阶段计划	周计划
时限	建设长远计划	建设阶段计划	建设周计划
任务和要求	激发学生参与足球运动的热情、提升学生足球活动的实践水平、为中国足球事业的振兴与发展选拔有潜力的人才	根据校园足球体系建设长远计划的目标确定，制订校园足球体系建设阶段计划的任务和要求	针对学校、教师和学生的具体情况和特点，拆解阶段任务和要求，具体任务目标细化到周
内容和办法	以学生个人发展的要求、学生的想法、学生的感受和需求为基础，把学校足球制度的建立与学生的价值追求联系起来	结合本阶段学校、教师与学生的实际情况制订阶段计划	根据已有的阶段计划，结合本校的实际情况制订校园足球教学周计划

续 表

计划内容	长期计划	阶段计划	周计划
保障措施	制订校园足球体系建设长远计划的保障措施，如遵守建设时间与原则、注重建设人员监管等	制订校园足球体系建设阶段计划的保障措施	遵守周建设时间与原则、进行本周建设经验总结

二、制订校园足球体系建设计划时的注意事项

校园足球是一项集合经济性、趣味性、竞技性的高性价比运动，其自身优势逐渐在国家与政府的大力推广下，展现于学校与学生面前。因此，越来越多的学校愿意组织开展校园足球运动。在本校推广足球运动，能有效提升提高学生的综合素质。因此，制订校园足球体系建设计划作为开展校园足球运动的第一步，越来越成为开展足球运动的重中之重。总体而言，在制订校园足球体系建设计划时，应注意以下事项。

（一）与学校经济水平匹配

对于学校来说，客观地评估本身的财政状况，制定最适合自己的学校足球制度，是发展建设校园足球体系的关键所在。学校要合理科学地规划学校足球系统建设的规模，科学预估建设经费，提高资金使用的针对性、科学性、经济性，避免拖欠债务。

（二）考虑学校的地理特征

学校在制订学校足球系统建设计划时，不仅要考虑自身的财政状况，还要考虑其地理环境和季节特点对学校足球运动发展的影响。例如，若学校处于高原、平原或山区，建设时需要考虑气候的寒冷、温暖或炎热。学校必须重视这些特定地理特征和发展条件，制定科学合理的校园足球体系建设规划。

（三）重点建设项目必须有利于师生全面发展

学校足球系统的直接参与者是教师和学生。在校园足球体系建设计划中，教师方面，可通过学校足球教学系统发展计划获得培训机会；学生方面，有机会通过学校足球计划提高自己的足球技术战术水平。因此，校园足球体系建设计划无论对教师还是学生来说，必须科学合理，目标明确。

在推行学校足球体系建设计划时，必须考虑各方面的因素，无论是计划的开始和结束时间、计划内容的选择，还是推行计划的方法和手段的选择，都必须以促进教师和学生的全面发展为中心。学校应设法避免计划执行的片面性，避免对教师和学生产生不良影响。

（四）加强科学指导和反馈

学校在制订学校足球系统建设计划时要有专业人士指导，以便在实施过程中获得专业人士的科学指引和协助。只有在科学的指导下，学校足球系统才能完善，高校的建设和发展，才能有效开展学校足球教育。

学校在实施方案的过程中，要根据教师队伍和学生发展的实际情况和特点，自觉加强对师生的专业指导和帮助，为他们的"教"与"学"提供科学有效的指导。这也有助于提高足球教学活动的科学性和实用性，有利于改善学生的身心素质，提高学生的学习质量。

此外，考虑到学校师生的个体差异，在推行学校足球系统建设计划的过程中，应采用简单实用的监督与测评方法。例如教师评价、学生考核等。学校可根据教师和学生的考核结果，及时了解和调整学校足球系统建设情况，以增强足球运动的科学性、安全性和有效性，进一步增强学校足球系统建设方案的实践效果。

第四章　校园足球教学设计

第一节　校园足球教学计划设计

一、校园足球教学目标设计

（一）教学目标的一般要求

1. 目标明确

校园足球教学目标就是人们希望通过校园足球教学活动实现的既定目标，这是开展教学活动的基础条件，教学目标是否清晰、明确更决定了教学活动的有效性。教学目标并不只是针对学生，校内全体师生都是教学目标针对的对象，而且教学目标还具有至关重要的规范作用。明确的校园足球教学目标不仅能让教师制订出更有效的教学计划，开展更有针对性的教学活动，还能精准监测整个教学过程，确保教学质量和教学效果符合预期。此外，明确教学目标的优点在那些可以用可量化指标来表示的领域中表现得更加明显。

综上所述，校园足球教学目标一定要明确，不能太过抽象和模糊，不明确的教学目标很容易在教学过程中造成监管疏漏，更可能因为无法获得量化指标，而增加教学评估的难度。

2. 完整与多元化并存

校园足球教学目标不仅包括质的评估，也包括量的衡量，在不竭追求教学成效最大化的同时也要设定情感目标，衡量情感价值。因此，教学目标不但结构要合理，内容也要趋于多样化。校园足球教学目标需要满足以下三个原则：理论和实践保持一致、目标和结果保持一致，认知和情感保持一致。在搭建校园足球教学目标体系的过程中需要考虑是否将校园足球的理论知识、操作性知识、情绪管理、身体和心理发展等内容以及其包含的各种变化融入体系当中。

3. 弹性目标

校园足球教学目标应是动态变化的。如果教学目标保持一成不变，必定会与时代发展产生激烈冲突，所以，弹性目标更符合时代发展和变化。弹性目标主要包含以下几个特性。

（1）目标灵活。一般情况下，教学目标是教师评估学生学习活动的重要标准，这就要求校园足球的教学目标应该有明确的范围或限度，以确保教师对学生进行精准、客观的评价。

（2）尊重学生差异。不同学生由于生长环境等因素的不同会存在一定的个体差异，学校不能用同一个教学目标来约束和评价所有学生，所以教学目标必须灵活、有弹性。一方面，教师可以先设定一个基本目标，摸清所有学生具备的足球知识，掌握的足球技能以及个人能力等；另一方面，对于那些天赋出众、兴趣盎然的学生可以设定一个更高的教学目标。

（3）课程本身具有局限性。学校开展校园足球课程的本质并非让学生都成为运动健将，而是希望学生通过学习体育知识和技能完成价值观和情绪态度的转变，但这种抽象事物无法用具体的指标来表示，课堂中也会因随时发生的变化而调整教学进度。因此，校园足球教学应设立弹性的教学目标。

（二）教学目标的要素

校园足球教学目标主要包含四个要素，分别是行为主体、行为动词、行为条件、行为水平或标准。

在校园足球教学过程中，学生是主要的行为主体，这代表教学目标的行为主体也应该是学生，而非教师。

行为动词指的是描述学生在校园足球教学中发生具体行为的词汇，一般情况下会使用相对精准的动词，如完成、授权、成就、创造、形成、应用等，对于一些比较难学、难理解的动作也可使用一些带有学习气息的词汇，如习得、理解、领会、巩固、改进等。

行为条件指的是学生想要完成足球学习、收获学习成果必须具备的特殊条件或限制条件。

行为水平或标准指的是学生在完成学习任务后必须达成的最低水平，可以用"什么是最终实现的"或"什么是准确的"这样的语言来衡量和评估学习成果或学习成绩。

（三）教学目标的内容

校园足球教学目标主要包含以下五方面内容，分别是强身健体、促进心理健康、养成参加体育活动的习惯、提高自身运动技能、提升社会适应力。

一方面，由于学生存在个体差异，即使接受相同的校园足球教育也无法实现相同的发展，而且想要通过学习一门课程或一个技能就实现以上五个方面的内容是根本不现实的。

另一方面，足球这项运动具有的教育功能既包含显性教育功能，也包含隐性教育功能，其中具有可观察、可测量量化指标的教育可以视作显性教育功能，无法用明确指标区分的教育就属于隐性教育功能，它对学生发展的影响只能体现在教学过程当中。

（四）校园足球教学目标与体育计划的基本目标、发展目标比较

体育课程目标是校园制定体育教学任务、培养学生的重要指导，是评定校园体育教学科目是否优秀的逻辑起点，更是校园体育教学想要实现的预期成果。由于校园包含多个年龄段的学生，他们的身体素质各不相同，这意味着校园需要制定两个不同的目标，第一个目标是针对普通学生的基本目标，第二个目标是针对具有较高足球水平学生的发展目标。

教学目标根据教学层次不同分为三种，分别是课程教学目标、模块教学目标和课堂教学目标。这三种不同层次的教学目标最终都能细化成多个课堂教学目标，课堂教学目标不容忽视、不可替代，否则校园足球教学就丧失了开展的意义，自然也无法实现校园足球教学目标。

（五）设计校园足球教学目标注意事项

1. 根据足球的基本规律

任何事物都有自己的规律，足球运动有，足球教学也有。所以，在设置校园足球教学任务时应遵从其存在的内在规律，尤其是要以认识足球为基础，遵从基础训练、体能训练、足球技术以及足球战术的基本规律，正确应对球场上发生的各种情况。

在设置校园足球教学任务时不但要遵从足球运动的基本规律，还要充分考虑学生的身体素质，以大部分学生的身体素质为参考，开展足球技术、足球战术的理论讲解和技术训练，首先要求他们掌握基本技术和战术，然后逐步增加技术难度，对于那些少数的、体制强的学生，可以要求他们掌握高难度技术。

以设计足球技术教学目标的方法为例，如图 4-1 所示。

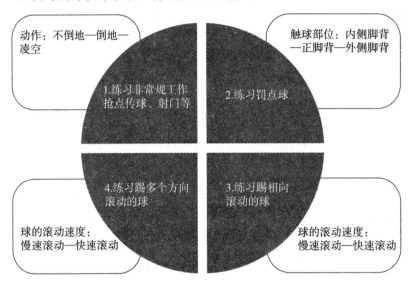

图 4-1　设计足球技术学习目标的方法

2. 从不同角度阐述足球教学目标

足球教练在设计训练目标时应注意"对象、行为、条件、标准"四个要素的表达方式。

（1）认知目标。让学生对网式足球有更为真实、全面的了解，知晓相关的足球技术和足球战术。

（2）技能发展目标。让超过 60% 的学生学习并进行网式足球的训练，磨炼学生的控球技巧，积累球感。

（3）情绪目标。网式足球分为两队，每队 2 到 4 人，在一个规定尺寸的长方形范围内进行对战，网的高度与胸齐平，当足球被踢到某一边时，球员需在三次触球内将球击过网，且不能出界，若球落地也算失分。通过这种对抗训练，锻炼学生的情绪。

二、校园足球教学内容设计

（一）确定教学内容

课程设置的校园足球教学内容的基础，课程设定的学习目标并没有明确学习的具体内容，只搭建了一个大框架，但在正式开始学习之前，必须将学习目标具体化，保证教学内容足够清晰、合理，只有具备了明确的教学内容，才能以此为基础实现教学目标。

通常情况下，教学内容是由学生在修读课程过程根据不同时间段、不同学期工作计划决定的内容。如今新课改下的教学方法更重视学习和生活的联系。学生通过校园足球教学必须掌握相应的足球理论知识和足球技巧，能鉴赏和评估足球比赛。

校园足球教学目标需要参照教学大纲来制定，但由于教学大纲的主要内容是描述不同层次教学目标与教学内容之间的关系，并没有明确规定教学内容和形式，所以，校园足球教师可以根据个人喜好和理解来制定教学内容，学生也可以根据自己的喜好和理解来选择相应的足球教学内容。

（二）确定教学内容的重点、难点和关键内容

在确定教学目标和教学内容后，需要根据具体的目标和内容为学生分配对应的课时和课次。为了保证校园足球教学课程高效开展，必须进行教学设计，首先要清楚校园足球教学的重点、难点和关键内容，围绕这些内容分配课程。同时实时监测教学实践活动，观察学生在活动中是否解决了教学的重难点，是否实现了教学目标，从而判断教学设计是否合理。

教学的重点、难点和关键内容之间的关系比较复杂，既有联系又有差异，在某种情况下，教学的重点、难点、关键内容可能指代同一个问题或相近的问题，也可能指代完全不同的三个问题。比如，教学过程中的某个问题可能既是教学重点，又是教学难点，还是教学的关键内容，也可能

只是教学的重点，或者只是难点，又或者只是关键内容。

（三）教学内容的安排

无论选择哪种形式的教学内容都必须严格遵循足球运动的基本规律，而且教师组织学生进行足球训练并不是简单地将各项教学任务串联在一起，而是需要保证各项训练之间存在一定的连贯性和逻辑性。组织足球训练必须满足以下几点要求。

（1）重视教学内容之间的横向联系。

（2）注意逐条细化各部分内容。

（3）注意将已知内容进一步深化为未知内容。

（4）注意教学内容实质上是足球人才的培养内容。

三、校园足球教学方法设计

教学方法是教学课程的核心内容，教学方法的选择对整个课程设计至关重要。一般情况下，教学方法的选择需要从教学目标出发，以教学内容为基础。传统体育课采用的教学方式比较单一，主要靠学生被动模仿，但如今无数专家学者对体育课的教学方式进行了深入研究和探索，使得足球教学的教学方法逐步脱离单一化，向多样化形式转变，尤其是大力倡导自主教学、创新教学、合作教学，不仅培养了学生的运动意识，还增强了学生的创造性和积极性。

改变教学方法需要教师和学生的共同努力，从改变教学策略和教学形式开始。在教学过程中，教师要舍弃传统的以结论形式直接呈现给学生的教学方式，转变为以问题形式间接呈现给学生的教学方式，促使学生将足球技能训练的过程转变为发现问题、提出问题、分析问题、解决问题的过程。

现以学生学习空中停球为例解释教学方式，首先是让学生自行练习，然后进行示范，提出问题，引发学生思考，最后再进行分组练习，这个过程才是符合当代校园足球发展的教学方式，具体如图 4-2 所示。

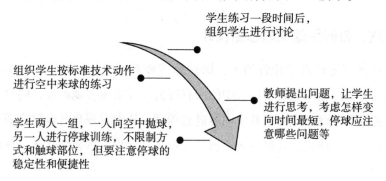

学生练习一段时间后，组织学生进行讨论

组织学生按标准技术动作进行空中来球的练习

教师提出问题，让学生进行思考，考虑怎样变向时间最短，停球应注意哪些问题等

学生两人一组，一人向空中抛球，另一人进行停球训练，不限制方式和触球部位，但要注意停球的稳定性和便捷性

图 4-2　空中停球的教学方式

这种教学方式通过让学生主动参与、主动思考的方式，培养学生发现问题、解决问题的能力，更符合当代教学理念。

四、校园足球组织形式设计

组织结构主要包含两种两方面内容，分别是组训形式和人员具体安排。

校园足球教学的组训形式有同质人群、异质人群、随机人群等，不同的组训形式各有优劣，在选择时以班级学生的实际情况以及教学内容的实际需求为前提。

五、校园足球过程目标设计

在校园足球教学过程中需要实现各种各样的目标，这些目标可以分为过程目标、形成性目标、阶段性目标，以及预期目标等。传统的校园足球教学主要以"改善学生体质"为目的，所以足球课的主要内容就是增加体力消耗、加大运动量。如今的校园足球课程更重视教育目标的综合性，强调"基础知识和基本技能的获取过程将同时成为学习和形成正确价值观的过程"，在这种新概念、新目标的影响下，足球教学针对性更强。在教学过程中可以成立专责小组，激发学生的学习积极性，从而实现教学目标。

六、校园足球课后总结设计

在校园足球教学课程当中，课后总结必不可少。在课后，教师需要认真反思自己在课堂教学过程中的所有行为，并给出客观评价，同时通过学生的反馈了解学生对于教学内容满意程度，从中发现自己教学方面存在的不足，及时修正，并进一步完善课程设置，合理安排教学任务，积累教学经验。

第二节　校园足球教学评价设计

教学评价指的是根据现有资料客观地、科学地确定教学过程存在的价值及教学产生的效果，它是激发学生积极锻炼、刻苦学习、实现课程目标的重要环节。

过去，校园足球考核的主要内容是运动能力和体能，除此之外，无论是学生的学习过程、方法和态度，还是学生之间的合作、情感等都不属于考核内容。这种考核完全忽略了足球教育在情感方面产生的教育作用。足球教育不仅能激发学生学习体育项目的兴趣、对足球运动的特殊情感，以及对运动锻炼活动的执着追求，还能帮助学生树立正确的体育价值观，增强责任感。

此外，在校园足球教学中还存在一种十分常见的现象：有些学生只要稍微努力，身体素质和运动技能就有明显提高，而有些学生无论多么刻苦地训练，运动技能的提高也不明显。这种现象不仅打击了那些刻苦学习学生的学习积极性，还伤害了他们的自尊心和自信心。因此，课程教学评价设计最重要一点的是保证学生身心健康发展。

如果学生只上过一两节足球课，根本无法进行足球教学评价，因为学生没有接受完整的足球教学，教学任务的完成情况也不完善，更谈何评价。在足球学科教学过程中，合理准确的评价不仅能规范教学过程，还能激发学生学习足球的兴趣，促使教师改进教学不足，促进领导班子积极开展管理改革，实现校园体育教学目的。

一、校园足球教学评价的基本程序

（一）校园足球教学评价的筹备工作

在制定校园足球教学评价方案之前必须先思考三个问题，为什么评价？谁来评价？评价什么内容？只有搞清楚这三个问题，才能做出正确的评价方案。评价方案是针对评价目标的综合性方案，包含了评价对象、评价指标体系、评价方法、评价工具和实施阶段等内容。

1. 为什么评价

评价是教学活动中不可或缺的一环，通过评价不仅能帮助师生进行教学反思，还能为后续教学活动奠定良好基础。此外，评价贯穿整个校园足球教学过程，可以是对某一训练单元的评价，可以是对足球教师的评价，也可以是对足球教学的具体评价，这些评价的组织、内容和方法都不相同。

2. 谁来评判

这是一个与教学评价组织有关的问题。在不同的评价活动中，教学评价组织一般由多位工作人员组成。有的评价特别重要，必须设立、组织专门的评价组织，如足球教学评价，评价组织成员必须具备一定专业性，或者直接邀请专家参与评价考核，提升评价的品质。

3. 评价什么内容

这个问题其实是为了制定相应的评价指标。为了达到评价的目的，必须严格规定评价的各方面内容。评价指标作为评价的重要参数，必须是具体的、可衡量的、可实践的。

校园足球课程改革是根据课程发展的相关要求，创建多元化教学评价体系，充分发挥其激励作用、促进作用，并提出相应的评价建议。如今，并没有明确的指标和标准可以实现对学生身心发展、知识和技能、态度和参与度、感情和合作意识等的评价。校园可以要求学生进行相互评价和自我评估，尤其是过程评价与期末评价相结合，提高学生运动兴趣、身体素质以及运动能力。

（二）制定足球教学评估指标

1. 确定足球教学目标，制定初步评估指标

首先将教学目标进行细分，分成教学范畴、教学内容、教学方法、教学效果等，然后再将这些内容进一步细分，并与实践、准则等挂钩，制定初步评估指标。

2. 确定指标的层次结构

根据指标的重要性确定其权重，为定量分析做准备。

3. 专家论证

由专家论证理论和实践当中的各项指标是否符合评价要求。

4. 加以修正

通过少量试点试验，修正评估指标体系，使之更加合理。

（三）制定足球训练评估表格

评价指标制定完成后，就需要考虑收集、处理足球教学评价信息的

方法，可制定专业的足球训练评估表格，为开展足球教学评价提供数据依据。

（四）足球教学的评估结果和反馈意见

足球教学的评估结果和反馈意见可以清楚反映教学活动存在的不足，为接下来调整和修正教学活动提供了理论支撑。足球教学的反馈主要包括以下几方面。

1. 综合判断的形成

首先根据足球教学活动考核得出各种定性或定量结果，按照既定标准评估这些结果是否有效，得出相关结论，提出全面意见。比如，学生的足球教学反馈既要包含足球教师在足球课后给出的结合，也要包含教师编写的正式评价报告。

2. 诊断问题分析

评价的目的并不是为了分析，而是为了改进教学方式，提升教学质量。所以，必须通过评价找出教学活动存在的各种问题以及产生问题的原因。考核学生的足球基本技能，不仅能让学生了解学习成果，还能发现自己的问题。教学评价既能让学生发现自己的长处，获得一定的激励，也能使学生有针对性地改正自己的问题，提升学习效果。

3. 数据收集

通过评价结果可以让学生发现一些优秀的人和学习成果，为学生的后续学习起到良好的视觉吸引力，更重要的是这些优秀的技能、想象力、世界观都出自同龄人，不仅不会打击学生自信心，还能激发其学习动力。

二、足球评估内容

（一）常规教学评估

足球学科教学规则是根据足球教学的任务和要求，结合当地学校和学生群体的实际情况制定的。这些教学规则的制定和实施能有效维持良好的教育秩序，组织健康的教学活动，加强学生的思想教育，让学生养成讲文明、守纪律的优良品质。足球学科的常规评估主要包括以下内容。

1. 课堂前准备工作

教师应在上课前准备相关的教学器械，并检查其安全性，以确保教学正常进行。教师还要提前将上课的时间、地点以及相关要求通知体育委员，并要求其传达给所有学生。此外，教师应正确着装，最好是运动服，提前到达指定集合地点等候学生上课。

2. 按时上课

学生到达集合点后，体育委员负责检查考勤，然后报告给老师，老师根据出勤记录以及学生穿着运动服的情况做简单陈述，如果有学生迟到，应主动向老师解释迟到原因，老师允许后才能进入队伍。

3. 足球训练服齐全

在足球训练开始前，老师应向学生强调必须遵守的体育教学规定，如学生必须穿运动服、运动鞋等适宜运动的服饰，不能穿着如大衣、裙子、高跟鞋、凉鞋等不适宜运动的服饰。

4. 符合安全规定

老师还要对学生进行安全教育，并提出具体的安全要求，组织学生进行准备运动和整理运动，避免发生运动事故。

5. 收拾相关器械

下课前，所有学生应集合在一起，总结本节课的教学内容，必要时还可以进行课后活动。下课后，学生应根据老师要求完成相关任务。

（二）教师教学评价

足球课程的基本内容就是传授学生足球知识、技术和战术，并开始实践活动，这些内容同样是评价足球课程的主要指标。评价教师的教学活动需要从多个维度着手，如图4-3所示。

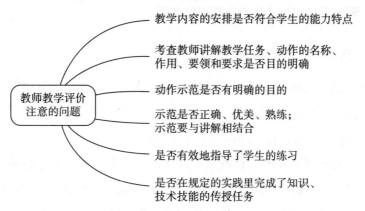

图4-3　教师教学评价注意的问题

在评估教师教学活动时，应充分考虑教师安排的课程内容是否有利于学生获得相关知识及技术；教师是否通过设置任务及目标的方式来提高学生的技能水平和专业素养；教师对教学内容的解释是否准确、科学，是否注意知识之间存在的内在联系，是否把握解释的深度和广度，使用的解释方式是否灵活。在教学过程中，教师一般都需要演示，其演示过程和内容是否存在不妥当之处，是否符合学习步骤、学习任务要求。比如，老师在演示新的教学内容时，需要先进行全程演示，让学员形成完整的运动观念，然后再对其中的重点和难点进行重点示范、反复示范以及分解动作示范等。示范时应以方向和地点为导向，确保学生看到示范的具体动作，尤其是要吸引学生的注意力，让其知晓什么是对的、什么是错的。此外，评估还需要关注教师是否开展了小组课，是否及时发现并解决学生在学习中产生的错误。更重要的一点是，教师是否在规定时间内让超过 90% 的学生获得所需的知识及技能，完成知识及技术转移的教学任务，是否教学过程中做好预防措施，避免意外伤害的出现。

（三）对学生技术学习质量的评价

评价学生足球技术学习质量需要结合校园足球技术的训练任务和技术特点来确定具体的评价内容和评价方法。

1. 模仿动作的准确度

评价动作的准确度可以通过检验和评价运动的各个环节得出，同时需要分析动作是否符合运动学、解剖学以及运动生物力学的相关理论。在实际评估中，主要检查、评估以下几项内容。

（1）动作是否正确。检查某个动作的准确度，不但要观察动作本身是否合理，还要观察动作能否发挥其效能，即通过训练达到预期目标。

（2）动作结构分析。分析动作结构，能知晓动作在训练时的技术特点和关键要素，然后比对标准确定动作精度，分析结果、发现问题，确定接下来的努力方向。

2. 动作的实用性

动作的实用性越强意味着运动员能以最小的能耗来完成最精确的操作。通常情况下，运动员想要用最少的耗能完成动作需要积累大量的实践经验，动作还要十分熟练，只有这样才能消除不必要的肌肉紧张并舍弃多余的动作。

3. 协调一致

人在运动过程中一直在追求协调一致，因为只有身体各部位都协调一致，才能保证动作的协调性、连贯性、准确性、经济性。运动不协调，动作质量肯定不高，自然也不用讲运动的准确性和实用性了。

4. 动作缓冲效果

动作的缓冲效果主要表现为运动的弹性和缓冲力，许多技术动作本身就具有一定缓冲性，如为了保护身体，守门员在移动过程中的动作就带有缓冲性，人在跳起落地时的动作就带有缓冲性。

（四）评估课时强度及运动负荷

评估足球教学质量的两个关键指标就是足球教学活动中单个课时和运动负荷，通过这两个指标能充分了解教师在学习时间的分配以及运动的安排上是否合理。如果课程的安排与学生的体能、智力变化以及形成运动技能的一般规律一致的话，则有助于学生完成不同的学习任务。

1. 课时强度与密度评估

单个课时强度是课堂上各项活动合理花费的时间与总活动时间（也被称为总密度）的比。一般来讲，足球课程的活动内容主要有：教师培训、学生们之间的讨论和观察、训练、组织活动、训练后的整理运动五项，其中每一项活动所占上课总时长的比例都应该是合理的，这种比例也被称为活动密度。

课时强度和密度越是合理，越能更好地完成教学任务。一般情况下，总的课时密度是越大越好，因为这表明合理使用时间较多，浪费的时间较少。评估足球教学课程的课时强度和密度是否适当、合理，应从以下指标着手，如图 4-4 所示。

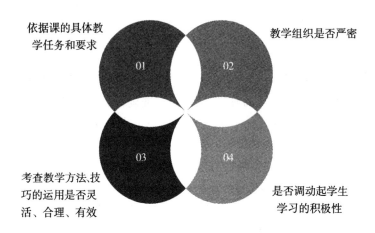

依据课的具体教学任务和要求 01

教学组织是否严密 02

考查教学方法、技巧的运用是否灵活、合理、有效 03

是否调动起学生学习的积极性 04

图4-4 足球课的课时密度与强度衡量指标

足球课的课时密度与强度衡量指标是由多种因素决定的，如学习任务、学习需要、学生能力、教材特点等，除此之外，上课的时间、地点、气候是否是经过合理设计同样会影响足球课的课时密度与强度。为了提升课堂教学效果、减少不必要的组织措施，我们需要从学生角度出发，检查小组训练是否符合学生的特点，各种训练设施的摆放是否便于开展教学和训练，小组的轮换速度是否满足学生的要求。我们还要注意教学方法、技巧的运用是否灵活、合理、有效，具体来讲就是教师示范是否正确、教师的讲解是否清楚、学生的锻炼和休息时间分配是否合理、教师是否充分理论休息时间对学生进行重难点讲解、示范和纠错等。教师通过合理安排足球课的课时强度与密度，不仅能提高时间的利用效率，还能让学生自觉遵守组织纪律，开展互帮互助。

2. 足球课的体育负荷评估

足球运动负荷是指学生在课间所承担的生理负荷，它包括负荷量和负荷强度两个概念，能反映人在运动过程中身体生理功能发生的变化。

足球课的运动负荷是否合理是评价足球课质量的重要指标，因为人只有在承受一定运动负荷强度的情况下才能提升生理机能，掌握足球技术和足球战术。

在校园足球教学过程中，运动负荷并非一成不变，而是随着学生身体素质和心肺能力的提高而逐步增加。科学合理地分配运动负荷，不仅能增强学生的身体素质，还能提高学生对足球技能的掌控力，提升体育成绩，预防运动事故发生。运动负荷的设定应符合以下标准：

（1）运动负荷的设定是否符合人类活动的变化规律，是否遵守循序渐进原则。

（2）运动负荷的设定是否符合训练课程的任务和要求。课上的任务不同，运动负荷也有很大区别，如重复训练的负荷量一定比首次训练的重。

（3）运动符合的设定是否考虑教材性质、活动范围、负担能力、训练强度及学生的生理特征。

（4）运动符合的设定是否考虑学生体力消耗、气候变化以及教学环境。

运动负荷测量方法通常由几种方法组成，如图 4-5 所示。

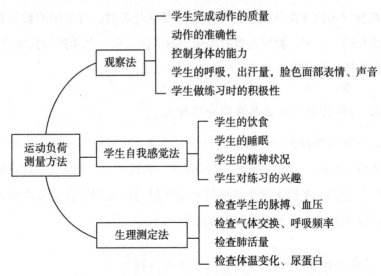

图 4-5　运动负荷测量方法

上述这些方法都比较复杂，在足球教学中评估运动负荷最常使用的是观察法和手测定脉搏方法。

（五）足球教学法评价

教学方法是教师在教学过程中为了完成一定教学任务所采用的方法或手段。足球教学可采用的教学方法有很多，如讲解法、示范法、完整分析法、练习法、预防和纠正错误法、游戏法等。评价教师运用教学方法的正确性是足球教学评价的重要内容之一，可从以下几方面着手：

1. 选择教学方法的依据是教学任务和内容

由于教学任务和教学目标的不同，可采用的教学方法也不尽相同。在讲解足球理论知识和操作性知识时，以讲解法为主；为了增强学生足球技术，以示范法和练习法为主。

2. 教学方法的选择符合学生的特点

在教导不同年龄和性别的学生完成教学任务时，可采用的教学方法也不尽相同。比如，教导儿童时多采用游戏法，吸引儿童进行技术练习；教导青少年时多采用讲解法、示范法、练习法。

3. 选择的教学方法具有综合性特点

在足球教学过程中，将不同教学方法灵活搭配使用，产生的教学效果可能出人意料，而且组合教学中的任意一种教学方法都是教学过程的重要内容。比如，在纠正学生错误技术动作时可以采用综合示范法和练习法，确保学生能认识并改正自己的错误。

4. 在选择方法时考虑到不同的学习阶段

在学生学习技术动作的初级阶段，应以分解法和讲解法为主；在学生改进和完善技术动作的阶段，应以讲解法、示范法、全面训练法为主；在学生巩固和运用技术动作的阶段，应以重复练习为主。

5. 选择的教学方法具有创新性特点

在足球教学过程中应用教学方法应满足一定的要求，为了更好地完成教学任务，我们可以在固有方法上进行创新，增强教学效果。

（六）足球智力德育评价

学校体育教育的教学任务不仅仅是完成体育训练，还是培养学生的思想，锻炼学生的意志，养成正确的道德观念。因此，足球思想品德教育评价同样是足球教学工作评价的重要内容之一，可从以下几个方面评估：

1. 足球教师将德育工作与体育教学融合

在足球教学过程中，教师是否针对教材和教学活动存在的特殊性对学生进行有意识、有针对性地精神品德教育，实现思想政治工作和教学工作的有机融合。

2. 足球教师因材施教

在足球教学过程中，教师是否采用过示范事例、评比竞赛、表彰批评等有针对性的教学方法，是否在坚持严格要求的同时，结合耐心说服、教育批评、有力激励等进行针对性的思想道德教育。

3. 足球教师以身作则

足球教师是否在课堂教学以及课外接触过程中，始终保持干净的仪表，认真的工作态度，坚定的意志，超强的自信等，对学生时刻产生积极的教育影响。评价足球思想道德教育的有效性可从以下几方面着手。

（1）学生在集体中是否形成了博爱和集体主义文化。

（2）学生是否养成了服从命令、遵守纪律的良好习惯。

（3）是否有大量学生对足球课程产生兴趣。

第五章　校园足球技术
与战术教学训练

第一节　校园足球技术与战术概述

一、足球比赛的特点

（一）快速调整战术和技术

足球是一项通过脚部运动对球进行控制与支配，由两支球队参与并按照一定的规则，在同一运动球场上彼此之间展开的防守或进攻的对抗性质的体育运动项目。足球比赛以球队将球踢进对方球门为得分标准，最终在规定时间内，将球踢入球门的数量较多的一方获胜。其中，决定球队能否取得胜利的因素有很多，既包括球员超强的身体素质与心理素质，过硬的传球、控球、射门、过人等技术，同时又包括球队所采取的高超的战略战术等，对于一支球队而言，战术就是球队的灵魂，其在整场比赛中起到至关重要的作用。

由于足球比赛是一项激烈的对抗性体育运动，在比赛过程中，比赛双方为了能够实现对球的全方位控制，必须在比赛规定时间内，对踢球的速度与节奏进行控制，对比赛特定的区域进行控制，以及对对方球队的球员运动进行控制。因此，在比赛中，攻守双方要最大限度地争取时间与空间上的优势，这样才能赢得比赛。也就是说，球队要想获得时间与空间上的主控权，就需要对射门、传球、运球、控球、奔跑等的时间进行计算，根据实际情况重新调整与制定新的战略与战术，然后再配合球员过硬的传球、控球、射门、过人等技术，在比赛中最大限度地争取球的控制权，从而赢得比赛的胜利。

（二）足球比赛是激烈的对抗

足球比赛是一种激烈的对抗性体育比赛。所谓对抗指的是以赢取比赛胜利为目的，在比赛规则允许的情况下，某一球员或球队采取的一系列突破、限制、干扰对方的攻防行为。在比赛过程中，攻守双方为了在特定的空间内争取优势，通常会运用争顶高球、带球突破、贴身紧逼、身体冲撞等多种形式进行对抗，可以说，这样的对抗越多，激烈程度也就越高。有人曾就某一世界级的单场球赛在对抗条件下技术动作的应用次数进行过统计，一场球赛中，总共出现过916次的技术动作，而在对抗条件下的技术动作就超过了半数，总共有482次，占总技术动作的52.6%。

据国际足联的相关统计，目前一名职业足球运动员在整场足球比赛中的跑动距离平均为10000米。其中，国际足球大赛中跑动距离最长的纪录来自大卫·贝克汉姆，他在2001年世界杯预赛对阵希腊的比赛中，总共跑动了16.1公里。通过足球运动员的跑动距离可以看出，足球是一项竞争极其激烈的对抗性体育运动。这种激烈的对抗性要求运动员必须具有良好的身体素质，因此，在日常的训练过程中，运动员应当注重心理素质的培养与提高。良好的心理素质主要体现在四个方面：其一，应当具备良好的运动速度知觉、深度知觉以及空间方位知觉；其二，具备良好的球感；其三，具备集体运动认知能力；其四，拥有乐观自信、情绪稳定、勇于冒险与拼搏，以及顽强拼搏的意志品质。在比赛过程中，能够做到灵活多变、处变不惊。可以说，要想成为一名优秀的足球运动员，以上心理素质缺一不可，它可以帮助运动员在比赛中做出精准与快速的判断。

随着足球体育运动的不断发展，现代足球训练理论内容也在不断更新，足球作为一项同场竞技类的运动项目，技术、战术与体能是决定竞技水平高低的关键因素，而足球运动水平的不断提高与发展，促使了这一关键因素也随之发生着改变。而在关键因素中，体能与技术起到了至关重要的作用。具体体现在两个方面：第一，足球运动本身的性质就是对抗，是发挥比赛技术与战术的前提与基础，这在客观上要求运动员具有良好的体能，因此，与以往相比，对运动员的体能提出了新的要求；第二，体育运动中，运动员体能水平的不断提高，对运动员的技术发展起到了一定的促进作用，同时，随着足球比赛中防守水平的不断提高，对球队的战术与技术方面也进行了调整与改变，促使运动员在时间与空间方面占据优势，从而赢得最终的比赛。

（三）足球比赛攻防转换的速度提升

所谓攻防转换指的是比赛过程中局势瞬息万变，双方对球的控制权在不停转变，攻防转换是现代足球战术体系中战术门类之一。在比赛中，失控球的队伍为了努力夺回控球权，会将速度作为攻守转换的焦点，谁能够掌握攻守转换的速度，谁便掌握了竞赛的主动权。因此，双方都在激烈地争夺控球主动权，下面一组数据足以证明这一点。在一场高水平的足球比赛中，比赛双方为了争夺比赛控制球的主动权，在比赛中攻防转换次数可达300次以上。然而通过对历届足球大赛进行分析，我们发现，若是比赛任意一方能够在25秒内获得控制球的主动权，快速完成射门，其进球的概率可以达到91%。若是比赛任意一方获得控制球的主动权之后，能够在三次传球的时间内完成射门，那么其射门进球的命中率可以达到65.2%。综上所述，在现代足球比赛中，随着防守力度的不断增强，足球比赛的攻防转换速度也在不断上升，并对球员的技术水平提出了更高的要求，需要足球运动员在日常训练中，提高训练强度，从而适应不断发展变化的要求，最终在比赛中取得较好的成绩。

（四）足球战术具有多样性

作为足球运动重要组成部分的技术与战术，伴随足球体育运动的发展而不断变化。从本质上看，足球是一项技术与战术相结合的运动，在比赛中必须使两者之间保持一致性与协调性。通常来说，球员应当有精湛的足球技术，而球队应当有着灵活多变的战术。根据国际足球协会理事会(IFAB)制定的比赛规则，一场足球比赛的时间为90分钟，加时赛30分钟。要想在有限的时间里获得比赛的胜利，离不开球员精湛的球技与变化莫测的战术，以及球员之间默契的配合。我们说，一场高水平的足球比赛，就是一场斗智斗勇的比赛。而足球运动的迷人之处恰恰就在于这种变幻莫测、不可预料性，也是这项体育运动能够令人为之疯狂的关键所在。

（五）足球比赛具有综合性

足球比赛不是一个人的比赛，而是由11名球员组成的两支不同的球队之间的一项体育竞技运动。足球比赛要想获得胜利，仅依靠战术或者技术是远远不够的，它需要多种因素之间的配合，是一种综合实力的体现，具体内容如下。

1. 加强中场的控制

足球比赛本身是一个控制与反控制的游戏，而在足球比赛过程中，比赛双方都将大部分时间用来进行中场控制的争夺。一般情况下，为了控制比赛的节奏，中场队员会运用拦截、传球、控球等多种方法，在进攻时确保足球能够被控制住，并在传球的过程中寻找进攻机会，从而减少比赛中丢球的概率。因此，在现代足球比赛中，对全局、中场的控制成为足球队关注的焦点。通常来说，比赛中常见的阵型包括"3-5-2"、"4-4-2"、"4-5-1"、"3-6-1"。与传统的足球队阵型相比，现代足球比赛在中场安排的足球运动员数量有所增加。在战术上，与以往相比更加注重中场球权的控制，而主动逼迫式的战略是他们经常采用战术之一，该战术能够有效地争取中场时间与空间上的优势，从而更好地稳固控制场上的主动权。

2. 足球队阵型严密

在校园足球比赛中，球队双方攻防高速转换。双方球队为了能够实现对时间与空间的控制，以求在赛场上取得比赛的控制权，此时球队中的球员需要确保前方、中方、后方之间的距离相差无几，与此同时，为了能够灵活多变地应对各种突发情况的发生，球员会与自己的左方、中方与右方保持合适的距离，从而打造出一个攻不可破的战术阵型。这种战术阵型有利于实现以多攻少，或是以多防少，从而更好地在比赛中争取时间与空间的主动权，最大限度地发挥出球队每位球员的优势与潜能，并通过团队之间的协作，形成合力，彼此之间的默契配合，最终赢得比赛的胜利。

3. 足球力量的机动分配

全攻全守是足球运动中的战术之一，目前风靡于各大高校高水平足球队之中，深受他们的欢迎与支持，此类战术思想是指球队中除了守门员以外的 10 名球员，均可以执行防守与进攻的职责，他们在赛场上的位置是可以随时调换的，在比赛中，不讲究空间与位置，大家可以根据比赛时的实际情况，随时补充到需要的位置上，发挥自己的优势与作用。在这种战术思想的指导下，球员与球员之间的联合行动，通常具有以下三方面特征。

（1）球员之间的职责是交叉的。全攻全守战术思想要求每一个球队成员具备担任其他位置的能力，使以往的固定分工由球员的临场判断与多元能力所取代。也就是说，需要每一位球员提高自身的能力与水平，尤其是创造空间与控制球的能力，只有这样，才能充分发挥出"全攻全守"战术思想的优势与威力。

（2）足球的进攻达到了动态平衡。在足球运动比赛中要想获得最终的胜利，就需要采取全攻全守的战术思想，使球队中的球员能够实现机动调配，在不影响正常比赛的前提下，使球队达到一种动态力量平衡的状态，要求每一位球员能够随时胜任不同位置的职责。例如，当后卫有机会与空间进攻时，他可以以攻击中场组织者或球员的身份对脚下的球进行处理，远离自己的后卫位置，带球突破，向对方心脏部位进行攻击，当完成该动作后，再根据实际情况选择是快速回到原来的位置，还是继续进行比赛。其他队员同样如此，随时可以根据现场的实际情况，选择相应的位置发挥作用与优势，最终实现一种动态的平衡。

（3）实施一线牵制、二线完成的战术战略。在全攻全守战术思想的影响下，一线牵制、二线完成的战术战略得以产生。这种战术战略主要体现在前锋队员的补给方面，具体来说，以往的足球比赛中，如果按照固定设置的1、2名前锋位置进行比赛的话，则在有些情况下很难实现突破，因此，在现代足球比赛中，可以通过前卫队员或者前锋队员的不断换位，从而留出有效空间，此时由后卫或者前卫迅速进入该空间实现战术。这种既隐蔽又高度机动的战术，对于利用与创造有效区域的时间与空间方面效果极佳。

二、足球技术的影响因素

（一）主观因素

1. 人体结构力学特征

由于人体的各种运动都是以一定结构为基础，人的身体动作是运动技术得以展现的介质。而足球运动员技术动作的完成通常取决于身体肌肉结构的调整，一般情况下，与骨骼结构并无太大关系。

2. 中枢神经系统运动控制和协调

中枢神经系统是由人的大脑与脊髓组成的，是人体神经系统中的重要组成部分。在日常生活中，它主要负责接受人体各个部位传来的信息，经过加工整合后，进行协调运动性的输出等。神经系统能够对人体肌肉进行精细分配，从而对人体的协调能力产生影响。故此，中枢神经对人体骨骼与肌肉的机能活动的神经元进行协调与控制，而运动员之所以能够实现各种高难度的技术动作，主要是由于中枢神经系统的人体协调控制能力在发挥作用。

从人体生理学角度分析运动技能的形成，大致可以分为三个过程，即信息输入过程，信息判断、反应选择、反应程序过程以及信息输出过程。也可以理解为感觉过程、中枢神经系统过程、动作反应过程。具体来说，当大脑接收到来自感觉系统的外部信息的刺激，传递至大脑皮层，经过大脑皮层的一系列反应选择与判断后，分别向相应的感觉中枢、运动中枢等输出信息，由人体的各个骨、骨连接、骨骼肌共同形成人体的运动，最终促使运动技能的形成。我们也可以将这一过程概括为认知阶段、联系阶段与完善阶段。

3. 感知觉灵敏度

足球运动是一项对客观条件依存性强、直接对抗的集体运动项目。该项目对运动员的心理素质要求较高，其中感觉、知觉在运动员心理素质方面起到一定作用。因此，在日常的训练中，应当加强对运动员感知觉方面的培训，它可以使运动员学会独立地观察与判断，并可以学会控制好自己的感知，从而使得足球运动员的判断力与观察力得到发展。例如，一个观察判断能力较强的足球运动员，能够防守住对方最有威胁性的传球，对其最有威胁性的进攻配合加以破坏，并且可以组织同伴协同配合发挥最大效果的防守战术能力。由此可见，观察判断能力对于一名足球运动员而言至关重要。

4. 技能的数量

要想顺利地学习与掌握一项新的运动技能，就要求足球运动员尽可能多地掌握各种运动技能，因为新运动技能的形成，需要建立在已有运动技能的基础之上，从而便于建立动作与动作之间的条件反射。

5. 体育素质发展水平

通常来说，足球运动员的敏捷度、力量、速度、动作等素质，共同反映一名运动员的整体体育素质水平，而这些素质又在一定程度上决定着运动员技术动作的完成程度与完成质量。可以说，运动员的体育素质发展水平越高，其动作技术的完成程度与完成质量也就越高，能够在有效的时间与空间内争取到比赛的主动权。

6. 运动员的个体心理特征

感知觉对于一名足球运动员来说至关重要，若是没有感知觉便难以形成意志、想象、思维与记忆等复杂的心理活动。而这一系列复杂的心理活动，在运动员技术动作的学习掌握过程中起到至关重要的作用。例如，运动员在学习与掌握一些诸如倒钩射门、铲球等高难度技术动作时，其技术动作的完成程度与完成质量，均会受到运动员个体心理特征的影响。

（二）客观因素

1. 比赛规则

随着足球运动的发展，足球规则也在不断地进行调整与改变。这种调整与改变在一定程度上促使足球比赛变得更加公平与公正，对进球与进攻给予鼓励，对足球场上的非道德行为应当予以制止。例如，在足球赛场上，背后铲球是不允许的，若是犯规，应当给予相应的判罚，从客观上看，这对足球运动的发展起到一定的推动作用。

2. 技术条件

通常来说，一个国家或者地区的足球技术水平对足球运动员乃至整个运动团队产生一定的制约作用。调查发现，高水平的技术环境在足球运动员学习掌握与积极运用足球技术方面起着积极的促进作用，能够很大程度上激励运动员不断开拓与创新，向着更高水平更高层次发展。

3. 设备和场地

高质量的运动场地与运动器材，为足球运动员训练水平的提高提供坚实的物质基础。通常来说，运动场地的优劣与设备的先进程度，能够直接影响到足球运动员水平的发挥。以比赛用球为例，当比赛运用的足球制作工艺不断调整与改进时，足球的旋转与运动速度也会发生相应的变化，这时就要求运动员的踢球技术也要做出相应的调整。同时，也需要对守门员提出一些新的要求。

三、足球战术的影响因素

（一）军事学与谋略学因素

1. 知己知彼，百战不殆

"知己知彼，百战不殆"出自兵家《孙子·谋攻篇》，大意为：若是能够对我方与敌方进行全面深刻的了解，那么无论打多少次仗也不会输。足球作为一项对抗性极强的集体运动项目，比赛双方在赛场上争夺胜负的过程，也是一种博弈的过程。而在此期间，双方球队发挥各自的作战智慧，也是战术谋略的一种体现。为了在比赛中获得最终的胜利，许多的教练员与运动员开始学习各种军事谋略战术，从而更好地提升自己的足球技战术水平。可以说，在足球比赛中透彻地了解我方与敌方的信息，是制胜的先决条件。

2. "奇"与"正"

在足球竞赛中，主要攻击方向（攻击点）为正，牵制方向（牵制点）为奇；有经验的球员，经典阵容上阵为正，而与之相对应的新阵容、新球员为奇；常用的战术为正，特殊的战术为奇；发挥实力为正，巧用手段为奇。

在足球赛场上，为了获得最终的胜利，对于教练员与运动员来说，都应当处理好正与奇的关系。当我方具有压倒性优势时，可与对方正面交锋，此时称之为"正"；若没有全胜的把握时，可巧用手段赢得胜利，此时称之为"奇"。

3. 攻与守

足球比赛中最为重要的一对矛盾便是攻守关系。现代足球比赛攻防转换速度不断加快，因此，如何在短时间内顺利完成防守与进攻的转换成为日常训练内容的重点。在理想的比赛设定中，进攻应当势如长虹，一举攻破；防守时，应"一夫当关，万夫莫开"。

4. 虚与实

"胜败乃兵家常事"，对于足球运动员来说亦是如此。真正成熟的运动球员乃至整个球队，都能够在紧急时刻保持头脑冷静，充分运用现有条件为自己创造机会，即使是在对自身极为不利的条件下，也绝不轻言放弃，而是选择养精蓄锐、等待时机，一举攻破敌方的最后一道防线，从而取得最终的胜利。

（二）心理学和思维的科学方面

足球运动员要想掌握并运用好一项战术，需要以运动员的心理与思维条件为前提，尤其是当运动员进行足球战术的选择与应用时，心理与思维将发挥至关重要的作用。

1. 神经过程

巴甫洛夫认为高级神经活动的基本过程具备三大特征，即神经过程的强度、神经过程的均衡性以及神经过程的灵活性。由于在同一球队的不同运动员，在灵活性、均衡性以及强度方面存在差异，因此在学习掌握与运用某些技术动作时，不同球员有不同的效果。

当足球运动员的灵活程度较高时，便能够在足球比赛开始前，对比赛的发展形势做出预判，运用较为积极且科学的战术，争取到足球比赛的主动权。即使有些运动员经过后天训练，获得一定程度上的提升与改变，但是从经济性、效率与效果等角度出发，足球队还是会挑选一些灵活程度相对较高的球员。

2. 注意力

通常来说，注意力是指人的心理活动指向与集中于某一事物的能力。对于足球运动员来说，注意力至关重要，他与人们的各种智力因素有着紧密的联系，诸如观察力等。而良好的观察力是运动员技战术发挥的重要保障。同时，记忆、思维、感知觉活动都离不开注意力的集中，因此，在足球运动员的培养过程中，注意力培养是一门不可或缺的核心课程。

3. 智能

所谓智能指的是个体的一种思维能力，这是人类与其他动物相区别的重要标志。在足球赛事中，智能是指球员能够根据实际情况，灵活变换自己的运动思维、运动注意、运动记忆以及运动知觉的一种综合能力。在足球比赛中，智能可以直接影响球员对突发事件的判断、分析以及解决。

4. 思维能力

在体育比赛中，足球运动员选择并且应用的某一技战术，并非是一种经长期训练后的条件反射，而是在大脑中进行的一种科学的、具有一定逻辑性的技战术的选择。因此，在足球技战术的选择与应用方面，思维能力发挥着至关重要的作用，通常来说，该思维能力包括四个主要特征。

（1）快速性。要想在激烈的对抗中取得最终的胜利，就必须快速地争取到时间与空间上的主动权，先发制人。

（2）逻辑性和直觉性相结合。当一名足球运动员在赛场上采用某一技战术时，必定经过了慎重与缜密的思考。当然也不排除一种紧急情况下，仅凭直觉反应而做出的一种选择。但是这种通过直觉思维而做出的选择，有时也会出现某种判断误差，导致己方在赛场上处于劣势，因此，在思维的过程中，应当使直觉性与逻辑性相结合，这样做出的技战术选择才是科学的、合理的。

（3）操作性。由于技战术的选择直接影响着后续足球比赛的发展形势，以及比赛的胜负。因此，足球运动员的战术思维应当具有一定的操作性。

（4）情绪性。足球运动本身具有激烈对抗的特征，在客观上，要求球员具备较为稳定的情绪，这对球员的技术动作的完成度与完成质量具有直接影响。

(三) 形态学与体能、技能因素

1. 形态学因素

在足球比赛中，运动员的形态特点对战术的选择具有一定影响，如

"高举高打"战术，"小、快、灵"战术等，这些战术均是基于运动员的身体形态而制定的。

2. 体能与技能因素

通常来说，体能包括健康体能与竞技运动体能两个层次。在足球比赛中，体能是采用战术或实施战术配合的重要先决条件，对运动员在赛场上的发挥起着至关重要的作用。

从某种意义上讲，战术就是技术的有目的运用，技术风格往往决定着战术风格。战术的多样性取决于技术的全面性，即灵活多变的战术必须以运动员（队）全面的技术作为坚实的基础。

四、技战术训练原则

（一）现代足球的训练原则

1. 尊重个体差异

应当充分考虑不同学习对象个体上的差异，基于他们自身的特点，对其展开具有针对性的训练，同时也应当考虑新旧教材的差别，及时更新教学内容与形式。

2. 循序渐进

通常来说，运动员体育锻炼的要求、内容、方法与运动负荷等，均应当采取循序渐进的原则，不可急于求成，否则不但无法达到预期效果，而且还有可能造成不必要的损害。

3. 适度提升负荷

在训练过程中，运动负荷过大或过小，对于运动员运动能力的提高都是极为不利的，只有通过突破原有的负荷、激发运动员的潜能，并保持高强度的训练，才能使运动员的运动素质得到逐步提高，从而更好地适应比赛的各项要求。

（二）学校足球训练的原则

足球教练根据足球运动的客观规律，结合学生运动员的实际情况，制定科学合理的教学方案与训练计划，能对学生足球运动员的个人能力与团队整体水平的提高起到积极的促进作用。总之，校园足球训练过程是一个从易到难、从简单到复杂的积累过程。

校园足球训练的原则是校园足球客观规律的具体体现，是一种基于丰富校园足球实践经验的总结。因此，要想在校园足球训练中取得预期效果，就必须要遵守校园足球训练原则。实践表明，大学足球训练中必须遵循九大原则，具体内容如下图所示（图 5-1）。

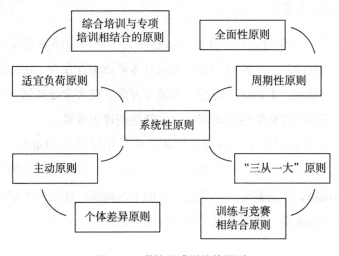

图 5-1　学校足球训练的原则

1. 系统性原则

校园足球训练的系统性，指的是足球运动员由零基础到掌握一定运

129

动技能，再到运动技能的不断提高，而展开的一系列连贯的、彼此联系的系统性训练。校园足球培训的实践表明，要想使足球运动员的身体素质与技术水平得到提高，就必须要让他们接受长期、系统的培训。

现代足球训练中，根据培训内容的不同，可以将训练划分为若干阶段，不同阶段的培训内容之间是相互联系、相互促进的。要想获得良好的足球训练效果，就应当严格执行体系化训练原则，在这个过程中应当注意两方面内容：其一，校园足球训练过程中，必须长期坚持体系化的训练，合理的安排训练阶段，并确保每一个阶段的训练内容能够彼此衔接，相互统一。其二，注重将校园足球训练阶段与周期有机结合起来，将训练内容、重点、方法与运动负荷等有机地结合起来，促使本阶段的训练能够在下一个阶段实现延续与提升。简言之，每一个学习的过程都应当合理有效，并且确保在整个训练系统的范畴下进行。

2. 全面性原则

足球是一项全身运动，在比赛过程中，不同的身体器官发挥着不同的功能，与此同时，不同的学生运动员身体素质也存在着一定的差别，具体表现在灵敏度、柔韧性、速度、力量等方面。在大学足球训练中，这些身体素质需要经过科学合理的训练，才能达到理想效果。

足球运动离不开全面的身体训练，它是足球训练的重要组成部分，它可以促使运动员身体的各个部位得到全面发展，促使运动员的各项体能素质得到提高，无论是对大学生运动员的个人发展，还是对大学足球训练的整体水平的提高，均有着极为重要的指导意义。

3. 周期性原则

一般来说，要想提高运动员的足球技能，就必须要经过反复练习，才能实现从认知到掌握再到灵活运用的程度。而要想提高运动员的身体素质，同样需要经过长期的刻苦训练才能得以实现。足球训练是一个螺旋式的过程，周期训练过后，足球运动员的技能水平会得到一定程度的提高，进而为下一个周期的训练做准备。在反复的训练过程中，运动员无论是在理论知识、身体素质、心理素质方面，还是在技术与战术方面都会取得一定的进步。除此之外，在遵循周期性原则的基础上，教练应当根据教学进度情况以及教练的专业水平，对训练内容、训练要求等方面做出适度地调整，循序渐进地执行不同周期内的训练计划。

4."三从一大"原则

在校园足球训练中，应当遵循"三从一大"的训练原则。这是大学足球训练多年实践中遵守的重要原则之一，对提高我国大学足球运动水平具有至关重要的意义。

所谓"三从"指的是"从严、从难、从实战需要出发"。"从严"就是在训练过程中，对运动员提出严格要求，进行严格训练，包括对运动员身体素质与技术水平方面提出更高要求，只有这样，才能从根本上激发运动员的运动潜能；"从难"主要是指对于高难度技术动作，应当积极地加以训练，不断提高自身的足球运动技能；"从实战需要出发"就是指严格按照足球比赛规则组织日常训练，结合竞争对手的特点以及自身技术特点，有针对性地展开训练，并根据作战需要，制定出科学合理的训练计划，以求在比赛中取得最终的胜利。

所谓"大"指的是"准备大规模运动"。尤其是有效的高负荷训练，通过增加训练次数使得运动员自身得到快速发展，使得运动员的技术水平与身体素质得到提高，这是科学训练的唯一途径。

5. 训练与竞赛相结合的原则

在校园足球训练教学中，需要将训练与竞赛结合在一起，从而能够更好地对运动员的培训水平进行检验，提高运动员的整体水平，包括心理素质等方面。通常来说，训练与竞赛之间是相辅相成、相互促进的。在实践过程中，对于初学者以及基础较为薄弱的运动员来说，夯实基础是他们训练的主要目的，当他们对基础的技术动作掌握熟练之后，再进行下一阶段的学习与训练，并为今后参加比赛奠定良好基础。同时，通过参加比赛，运动员能够及时发现自身存在的问题，如技术水平、心理素质等，有针对性地加强训练，提高自身的综合素质与运动能力。

6. 个体差异原则

个体差异原则就是具体问题具体分析，要求足球教练在日常训练中，根据运动员的个人特点和身体素质，如年龄、性别、体质等，有针对性地制定教学方案，内容涉及力量素质训练、速度素质训练、运动耐力训练、心理技能训练等。若是无法根据每一位学员的实际情况，制定与之相匹配的训练计划，采用同样的教学内容与教学方式，对学员进行教学指导，无疑是在浪费彼此的时间与教学资源。因此，教练应当随时关注每一位运动员的训练情况，根据实际情况，制定出科学合理的教学方案。

为了更好地在足球训练中遵循个体差异原则，应当注意以下两个方面。

（1）了解运动员的实际情况。教练应当细致、全面地对运动员实际情况进行了解，包括年龄、学习能力、身体素质、心理素质、技术水平等。在训练过程中，教练应当随时观察运动员的训练情况，对其运动进行实时跟踪，建立相应的数据库，做到全面掌握每一位运动员的实际情况。

（2）提高运动员个人素质和提高团队整体水平。在训练过程中，为了促使运动员个人素质以及团队整体水平得到提高，教练应当从团队发展与运动员个人发展角度出发，制定科学合理的训练计划。

7. 主动原则

足球训练是一个艰苦且漫长的过程，教练应当通过多种方法与途径，激发运动员主动从事艰苦训练的动机与行为，从而确保运动员能够在艰苦的训练中坚持下来。为了在校园足球教学过程中，更加有效地应用主动原则，应当做到以下两个方面。

（1）足球运动员明确参加足球运动的目的。教练应当鼓励运动员积极调整训练状态，明确训练目的，促使运动员能够拥有积极的心理状态，从而更好地提高技术水平。引导足球运动员树立正确的价值取向，采用科学有效的训练方法，从而取得明显的训练效果。

（2）使运动员真正对足球产生兴趣。要想使足球运动员的被动训练转化为主动训练，就要培养他们对足球的热爱，通过系统地向他们介绍足球的发展历程与现状，以及明星效应不断激发出他们对足球的热爱，进而更加积极主动地参与到训练当中去。除此之外，通过激发运动员积极主动参与足球运动的热情，还可以在一定程度上刺激其身体各项机能得到提高，肌肉力量有所增加。

8. 适宜负荷原则

适宜负荷原则指的是高校足球运动员在训练过程中，应当根据训练任务、训练水平与训练要求，使各个训练环节的负荷逐渐增加，直至达到最大的运动负荷水平。这一原则的实施在很大程度上会对学习效果产生影响，在具体实施过程中应当注意两个方面的要求：其一，根据运动员实际的训练情况，制定相应的训练计划，并将体育负荷问题充分考虑进去；其二，在训练过程中，教练应当随时关注运动员的训练情况，从唯物主义角度出发，事物发展规律通常是呈螺旋上升式的，同样运动负荷的增加也应当遵循这个规律。因此，教练应当根据运动员的实际训练情况，适度地增加运动员的训练负荷，从而达到较为理想的训练效果。

在制定校园足球训练计划时，足球教练应当遵循适宜负荷的原则，在增加运动员的运动负荷时，应当充分考虑运动员的身体素质、技术水平等各个方面的因素，适度地增加运动负荷，不可过多地增加其运动负荷，否则会造成运动员身体损伤，也不可过少地增加其运动负荷，否则难以产生明显的训练效果。因此，教练需要在日常训练中时刻关注运动员的情况变化，有针对性地调整与实施训练计划，循序渐进地增加运动的运动负荷。除此之外，训练过程中，体育负荷的增加应当达到极限。这将最大限度地促使运动员的身体素质与技术水平得到提高。

9. 综合培训与专项培训相结合的原则

综合培训指的是通过各种体育锻炼提高运动员的身体素质，全面发展运动员的体育素质，使得运动员的身体素质与心理素质得到提高。

专项培训指的是以足球战术与技术动作为重点的足球训练。一般训练与实际足球训练紧密相连。一般训练与专项训练相结合的原则，主要指的是在校园足球训练过程中，应当根据运动员的训练时间、训练水平以及训练阶段，适当地对一般训练与专项训练的比重进行分配。

应当根据不同级别足球运动员的训练任务、训练水平以及训练的专项特点，按照相应的比例进行活动的分配。同时，在不同的训练阶段，一般训练与专项训练的比例也存在一定的差异，会随着运动训练的实际情况有所调整，以满足运动员技术水平发展的需要。

第二节　校园足球技术教学与训练

在足球比赛中，要想取得较好的成绩，不仅需要具有良好的身体素质，还要具备灵活运用多种技术与战术的能力。教练应当合理制定训练计划，促使运动员技战术能力与身体素质得以提高，并且要针对足球运动的不同位置，展开更具针对性的训练。例如，前锋必须具有快速判断能力与发现对方防守漏洞的能力，中场位置要求运动员足够敏捷，并善于短传与长传等。因此，在教学中应当注重不同运动位置技术的训练。

一、停球基本技术教学与训练

随着现代足球运动的发展迅猛，对运动员的要求日益提高，停球技术作为足球运动中最重要的技术之一，也相应有了更高的要求。只有当运动员的停球技术达到炉火纯青的地步时，才能更好地完成接下来的动作。在足球比赛中，停球的同时需要根据上抢对手的位置迅速做出判断，对采取回传还是进攻做出正确的选择。娴熟的停球技术能够帮助球员提前做出下一步动作，从而摆脱防守队员，创造出传球或进攻的机会。

（一）脚弓内侧停球

脚弓内侧停球是基本的停球方式，一般分为停球和卸球两种。

脚弓内侧停球在面对地滚球时，需要使脚弓内侧面向来球方向，腿部微曲，在接触球的瞬间脚弓下压，运用脚弓部位挤切球的中上半部分，这一动作的核心要点是缓冲来球力量，防止足球反弹回去，同时将球停在脚边，便于之后的运球或传球。

脚弓内侧卸球主要是针对反弹球或高空球所采取的停球方式。在面对反弹球时，脚弓内侧面向足球落点反弹方向，挤压球的中上部分，主要是为了防止足球弹跳，进而控制来球。身体站位方式一般为侧站，支撑脚在来球落点前，接球脚在来球落点稍偏后，脚弓与地面形成夹角，使来球在反弹后，可以通过脚弓内侧卸球。面对高空球时，可以使用脚弓内侧卸球，使脚弓内侧面向球下落的方向，在来球接触脚弓的瞬间，顺势将球卸下。高空球卸球的关键在于触碰球瞬间脚部也应当呈放松状态，防止触球反弹。

（二）脚背外侧停球

脚背外侧停球时，停球腿微抬，脚尖内旋，使脚背外侧面向来球，触球瞬间以脚背外侧挤切球的中上部使球停下，以便采取下一步动作。

（三）脚背正面停球

脚背正面停球主要是停高空球，停球时大腿微抬，脚背面向来球落下的方向，在触球瞬间脚顺势将球卸下停在脚边，便于采取下一步动作。

（四）身体其他部位停球

在足球规则的允许范围内，还可以使用大腿和胸部停球，大腿停球分为收腿和抬腿，胸部停球分为收胸和挺胸。

当采用收大腿停球方式时，需要提前对来球下落路线进行判断，提膝抬腿，用大腿中部接球，在触球瞬间顺势放松大腿来缓冲来球力量，并将球停在脚边；抬腿停球时，在接球瞬间大腿稍稍向上抬起，使来球改变方向，再进行下一步动作。

收胸式停球，在判断来球方向后，挺胸收下颌迎球，在接触球的瞬间呼气收胸，用以缓冲来球力量，将球停至脚下；挺胸式停球，在触球瞬间挺胸，改变来球方向，也可选择触球瞬间扭动肩膀来改变出球的方向与角度。

（五）停球训练

停球训练应先从双人短距离传球开始，主要训练的是停球时的脚法，形成肌肉记忆，在熟悉停球技术的脚法后逐步增加传球距离，并逐渐将停高空球的技术加入训练当中。与此同时，在团队训练过程中，也要将传球技术融入进来，在这个技术动作的训练中，应当注意对于来球落点的判断以及跑动中步伐的调整。

二、传球基本技术教学与训练

在现代足球比赛中，要想赢得比赛胜利，关键的因素之一是球员之间的传球配合。在一场比赛中，球员之间直接的沟通方式便是传球，高效的传球能够巧妙地突破对手的防线，为进球创造机会；快速传球是球队由守转攻的信号，同时也是球队组织进攻的体现。在一个球队中，不是只有防守或进攻球员需要具备高超的传球技术，在现代足球中，守门员作为球队中的重要一环，也应当发挥传球的重要作用，当今许多国际顶尖球队的守门员已经不再只是恪守在球门前发挥守门的作用，而是要求他们也可以发挥传球过渡的作用，从而帮助球队赢得比赛。而传球成功率高不仅会在比赛中掌握主动权，更会通过传球成功地消耗对方的体力，从而为进球创造更多的机会。因此，在足球训练中，应当重视足球传球的练习。

（一）基本传球

基本传球是使用脚弓内侧传球，与使用脚弓内侧停球类似，通过使用脚弓内侧击球的中后部来完成传球，在传球时通过大腿摆动带动小腿实现力量的传递；当需要远距离传球时，可以选择在安全的情况下传地滚球，传球方式与基本传球类似，但是要求运动员助跑至足球处，支撑腿微曲，支撑脚的脚尖朝向出球方向，击球的中后部完成传球。

（二）传半高球

通常来说，传半高球分为两种方式，即脚背内侧传球与脚背外侧传球。脚背内侧传球指的是近距离半高球的传球方式；脚背外侧传球指的是弧线半高球的传球方式。

脚背内侧传球，通常不易被防守方发现传球意图，使得传球的成功率有所提升。一般情况下是斜线助跑，最后迈一大步，支撑脚放于球的旁边，脚尖朝向出球方向，支撑腿微曲，身体倾斜并保持平衡，击球时以大腿带动小腿，击球脚大拇指后的第二关节处为击球位置，触球时，脚底与地面平行，脚尖微微翘起，击球的中部，击球后继续向上摆动腿，完成半高球传球动作。通过摆腿角度也能够完成弧线半高球的传球方式。

脚背外侧传球，通常是在对手逼抢紧迫，或者没有充足时间调整站位的情况下所采取的一种传球方式。与脚背内侧传球类似，支撑脚位于球的旁边，击球时腿微曲，脚尖内旋，在触球瞬间脚背绷直，触球部位位于小脚趾尾端部分的外脚背区域，击球后，脚背继续保持绷直状态，腿部继续向上摆动，完成击球动作。一般来说，脚背外侧传球呈弧线，因此对于支撑脚脚尖的方向没有特殊要求，但是要想做到精准传球，则需要多加练习。

（三）长传球

脚背正面传球，直线助跑发力，支撑腿在球稍斜后方呈微曲状，支撑脚脚尖朝向出球方向，击球腿后摆发力，以大腿带动小腿，在击球瞬间脚背绷直，正脚背略靠内侧部位击球，击球后脚背继续绷直，并且持续向上摆腿。大多数情况下，后场球员或守门员会采用此类传球方式，多用于大范围调动或发动快攻战术，与半高球相比，长传球对于落点的精准度要求相对较低，但是对于传球的高度却有着较高的要求，主要是防止对手在半路将球拦截。提升长传球高度的有效方式是，击球后膝盖要有一个明显的提升过程，并且保持脚面绷直的状态，只要能够坚持练习，必能获得理想的效果。

（四）手抛球

手抛球是一种界外球的发球模式，通常分为普通手抛球与大力手抛球两种。

普通手抛球指的是运动员站在边线外，双手抱球举过后脑勺，面向要传球的方向，双手将球从脑后抛向传球方向。

大力手抛球指的是运动员双手抱球，助跑至边线处，将双手举过后脑勺，运用较大的力量将球抛出。

手抛球的动作要点包括三个方面：首先，按照比赛规则要求发球者的脚不能踩在边线上；其次，双手将球抛出的动作应当一气呵成，不可有任何停顿，同时，球抛出时的弧线最高点应低于抛球动作的最高点；最后，做抛球动作时，双脚不可离地。

（五）传球训练

在传球训练中，脚法训练是重点，只有脚法正确才能完成后续的精准传球，因此教练在制定训练计划时，应当将无球训练作为传球训练的第一步，主要是训练运动员的触球姿势，姿势掌握之后再进行有球训练，有球训练主要采用由远及近的地滚球方式，之后再在此基础之上，进行半高球的训练。在进行团队训练时，应当将某一固定位置作为发球点，训练运动员将球传至指定区域内，从而不断提高运动员的传球精准度，后续也可以在训练中加入助跑环节。

三、运球基本技术教学与训练

作为一项对抗性较强的体育运动，足球运动对运动员的身体素质要求越来越高，运动强度也变得越来越大。球员为了能够在高速度与高强度的比赛中获取胜利，更好地完成球队的技战术要求，就需要提高自身的运球技术。良好流畅地运球可以帮助球队在比赛中快速转换进攻节奏，牵制对手，掌控比赛进程；面对对方防守时，运用运球技术可以突破对方防守，造成对手犯规或是取得进球机会。一般来说，一支球队中运球技术高超的球员都在充当组织者的角色，通过他的运球能够为进球创造良好机会，掌握进攻节奏，在战术中发挥出至关重要的作用。校园足球中运球的方式包括脚弓内侧运球、脚背外侧运球和脚背正面运球。

（一）脚弓内侧运球

脚弓内侧运球可以分为两种，即脚弓内侧和脚背内侧。脚弓内侧运球指的是运用脚弓将球踢向前方或侧方，一般情况下，这种运球技术主要用于护球，或者是与假动作结合起来用以躲过防守球员；脚背内侧运球主要是将髋关节与脚尖稍微向外转，通过小腿摆动的方式推动击球，运用脚背内侧击球的侧后部，完成向前运球，此类运球方式一般适用于慢速运球，面对防守球员时便于下一步动作的完成。

（二）脚背外侧运球

脚尖内旋，用脚背外侧推动球靠近身体的侧后方，将球向另一侧移动。脚背外侧运球一般为拨球动作，多用于摆脱对方防守，配合过人技术使用。

（三）脚背正面运球

脚背正面运球是一种常见的运球方式，适用于各类情况，运球时脚跟提起，脚尖向下，小腿自然摆动，推动球的后部前进。脚背正面运球一般是通过小步伐多次触球完成向前运球的动作，只有在前方无防守队员时可以大步运球，这样主要为了防止大步运球时被防守球员抢断。

（四）运球训练

运球训练一般需要配合辅助道具进行，首先应当培养队员的球感，可以通过双脚交替踩球、脚弓左右拨球和侧向脚底拨拉等方式，训练球员对球的控制能力；团队训练时，需要配合障碍桩的使用，球员通常以 S 型路线绕桩的方式进行慢速带球训练，从而寻找运球的球感；之后可以进行进攻与防守转换的训练，即在特定区域内以三人一组的方式，分别划分出进攻组与防守组，此时不需要设置球门和射门，进攻三人组不断传球突破防守队员，防守球员断球后，进攻与防守随即转换，以 10 分钟为限，训练三人小组之间的传球能力。

四、头球基本技术教学与训练

足球比赛规则规定，双方球员不得用胳膊及手部触碰足球，因此，我们经常在许多国家足球赛事中见到头部在足球技术中的运用，如争抢高空球时，球员运用头球实现传球组织进攻，在角球与定位球的战术中，头球也成为得分的利器。优秀的进攻得分手都拥有着高超的投球技术，而世界级的防守球员也都通过头球的方式攻破对手的进攻威胁，因此，头球也成为足球运动的必备素质之一。

头球训练中最重要的一环便是心理训练，对于大多数人而言，在眼前突然出现一个物体时，我们会下意识地将眼睛闭上，但是在足球运动中，尤其是头球技术的运用，要求我们在此时选择将眼睛睁开，否则将无法精准地完成头球的动作，因此除了身体素质的训练，在日常训练中还应当注重运动员心理素质的训练。

（一）正面头球

当运动员的正面面向来球时，上半身保持后仰状态，通过腰腹的核心力量完成主动击球，运用前额顶击球的中后部，眼睛目视来球，同时颈部保持发力，使头部摆向击球的方向与角度。

（二）侧面头球

当运动员准确判断来球方向后，双脚前后站立，后腿微曲便于发力，身体重心后移至后腿上，触球时，后腿发力同时运用腰腹力量将球转向出球方向，以此来改变出球的角度，运用侧前额顶击球，具体可以根据出球方向选择击球点，击球后，可以继续保持头部摆动，眼睛注视出球方向。

（三）头球训练

除了前面提到的心理训练，头球训练时还应当做颠球训练。用前额颠球时，保持眼睛盯球，确保球不掉；之后二人一组，练习头球传球，一人抛球、一人顶球。

五、抢断基本技术教学与训练

现代足球比赛中，随着技术与战术的不断发展与完善，每一支球队的进攻能力都在不断增强，各种战术层出不穷，使得许多精彩进球得以出现，但是如何保持优势直至比赛结束，却与球队稳固的防守能力有着密切关系。抢断就是防守战术中最为有效的策略之一，不同位置的抢断可以应对不同的突发状况，如中、前场的抢断可以迅速组织反击，后场的抢断可以将对手的进攻策略打乱，帮助球队由防守转为进攻。故此，一支球队能否在最终的比赛中取得胜利，关键因素不仅取决于进攻战术的实施，同时还取决于球队防守战术的实施能否成功，而决定防守战术取得成功的关键因素便是抢断的成功率。现代足球讲究全攻全守战术的运用，而这一战术就要求球队的每一位球员都能随时进行补位，发挥各自的优势，成功地完成防守，只有做好防守，才能提高抢断的成功率，促使球队取得最终的胜利。

（一）跨步拦截

跨步拦截一般面对正面运球来的进攻对手，对进攻对手的出球意图做出正确的判断后，支撑腿迅速向前迈进，但是幅度不宜过大，防止球从对手的双腿之间穿过，完成过人动作，支撑腿迈步封堵对手可能的出球路线，同时支撑脚脚尖尽量外旋促使防守面积扩大，当触球脚做好判断之后迅速完成上抢动作，利用脚背内侧上拉踢球，将球从对方脚下抢过来，完成拦截动作。

跨步拦截在面对对方高速运球时，支撑脚迈步后，根据对手运球幅度进行不同的选择。当对手运球幅度较大时，可以在对手大步运球将球向前踢出后，突然上抢将球进行拦截；当对手运球幅度较小时，可以选择触球脚封堵在球前，使得对手运球后反弹，为同队球友创造拦截的机会。

（二）合理冲撞

合理冲撞是在比赛规则允许范围内的一种运用身体与对手对抗的抢球方式，通常多用于从侧面上抢对手运球，根据规则上抢时能够合理通过身体逼迫对手让出控球位置，但是不可以通过张开手臂或手肘的方式，故意推搡与击打对手。合理冲撞的时机一般为对手运球靠近自己一侧时，支撑腿靠近迈步，另一条腿及时插在对手与球的中间，运用腰腹力量与身体的中心逼迫对手丧失对足球的控制权，从而争取足球比赛中时间与空间上的控制权。

通常在校园足球比赛中，应当注意运用标准的上抢动作，防止因动作过度给双方球员造成身体伤害，或者造成接触犯规。

（三）二分之一球抢断

二分之一球是足球比赛中的专业术语，特指的是两名球员在相同方向奔跑并追逐球权，同时，两名球员拥有同等争夺球权的机会。在这种情况下，可以运用在规则允许范围内的更大一些的动作来争夺球权，也就是说，通过明显撞向对方的动作，在防守中完成拦截动作，将对手拦于身后，从而成功夺取球权，但是与合理冲撞规则类似，不能采取推搡或者肘击的方式故意伤人。

关于二分之一球的判决尺度，在校园足球比赛中始终存在一定的争议，因此在使用此类方法获取球权时，应当做到动作幅度尽量小，以免给对方球员带来身体伤害。

（四）铲球（一般不允许）

铲球技术主要是指在对手球员运球且球远离身体时，通过迅速奔跑使身体滑倒，运用惯性滑至球前方，运用触球脚的脚背或脚尖，对足球进行正面拦截，锁住脚踝，脚朝着小腿骨弯曲，完成拦截后迅速起身对足球进行控制。

但是在校园足球比赛中，由于大部分球员没有经过专业训练，若是让他们完成铲球动作很容易对身体造成伤害，严重时可能造成骨折，因此在校园足球比赛中不允许使用铲球这一技术动作。

（五）抢断训练

抢断训练的学习步骤通常为先学习技术规则，再对规则尺度进行理解，通过一对一的训练，一人进攻一人防守，在规定区域内实现抢断球；也可以通过前文所说的三对三训练方式，提高运动运抢断球的能力。

六、守门员基本技术教学与训练

守门员是足球阵容中一个不可或缺的角色，他不仅仅是后防线中的最后一个守护者，也往往是进攻的发起者，同时由于守门员在球场中的视野最为开阔，经常充当着校园足球队中指挥者的重要角色，因此守门员在球队中发挥着至关重要的作用。而作为守门员还应当具备一系列的运动技巧，还包括发球、扑救、移动、站位等，因此，在一支球队中守门员的选取至关重要。

（一）守门员站位和移动

若是守门员的站位选择合理，那么可以防守对手的大部分进攻，以曼联俱乐部著名球星贝克汉姆为例，1996 年 8 月 17 日，因为他完成的 60 米超级惊天吊射，让全世界的球迷们记住了这位阳光般的年轻人，而贝克汉姆之所以能够踢出这临门一脚，恰恰是因对方守门员的站位距离球门太远，而给了贝克汉姆施展自己超高球技的机会。因此在比赛中守门员被要求在球门的小禁区范围内活动，具体站位也应跟随球的移动而移动。例如：当对方将球从左侧大范围转移至右侧时，守门员也应当跟随球移动至球门的右侧。同时，随着对手进攻方式的变换而随时调整自己与球门之间的距离，当本方球员进攻时，守门员也可以在小禁区范围内适当移动，作为一个传球点配合本方的进攻；当对方进攻时，若是对手带球至禁区范围内，同时经守门员判断后认为有机会出击断球，那么就应当果断地出击；若是没有机会，则应当防守对方射门，主要防守近门柱一侧，并且缓步向前逼迫对方射门的角度缩小。

守门员在面对大范围的快速转移时，应当跟随球完成大步转移，再通过小步进行位置的调整；防守对方射门时，也是通过小碎步的方式来调整自己的位置，同时还应当注意自己两脚之间的空当，以防对手从中穿过完成射门动作。

（二）接低平球和地滚球

面对低平球与地滚球时，运动员的接球动作相同，面对地滚球时，守门员应当单膝跪地，膝盖朝向另一条腿的内侧，以防球从双腿之间飞过，双手掌心朝上靠拢，面向来球方向双手置于地面之上，使球从地面通过双手滚入怀中，接球之后双臂顺势曲臂，抱球于怀中；面对低平球的手掌姿势类似，上身前倾，双臂夹紧与身体形成一个类似于袋子的形状，让来球落入怀中并将足球抱入怀中，从而完成接球动作。

（三）接高球

高球指的是在守门员胸部以上的来球，接球时手掌大拇指张开，其余四指并拢并微曲，双手呈八字状面向来球，以手掌心接球，在接球后顺势向下完成切球动作，或者发力双掌抱住来球，切球的目的在于削弱来球带来的冲击感，以防出现手部脱节的情况，若是经过判断，发现来球过高或者接球较为困难时，应当选择其他方式对危险球加以处理。

（四）处理危险球

通常来说，对手逼迫紧急导致无法接球、来球过高以及其他情况等，均属于危险球。

当本方球员在对手球员逼迫下无法接球时，可以通过低平球与地滚球的方式，顺势将球踢出危险区域，此时应当注意防止被对手球员阻拦住出球的方向，同时尽量将出球方向定为对方的边线与半场，以便给球员留出下一次接球的时间；当出现半高空球时，可以选择以单拳或者双拳的姿态击球，这种击球方式通常是不能稳妥接球或者受人群阻碍时所采取的一种防守策略，因为规则的原因促使守门员的防守面积相对较大，同时拳头击球的力量也比较大，因此众多守门员在处理对手角球进攻时，一般会采取拳击球的方式将球击出危险区域。

当来球过高而无法双手抱住来球时，可以使用托球的防守策略，运用手掌心或者拳头将球托出底线，托球时应当准确判断来球与球门位置之间的距离。

其他危险球的情况可以选择倒地侧扑等其他方式。

（五）手抛球

手抛球是守门员接住来球后迅速发动进攻的一种战术，能够根据传球的目标选择大力手抛球与地滚球的方式。通常来说，当接球队员身边和传球线路上没有对方球员时，通过以一种与打保龄球姿势相类似的姿势，将球滚至接球队员的方式，我们称其为地滚球；而需要守门员助跑并保持上身后倾，单手勾手抛球，运用手臂与身体的力量，将球从头后面抛至接球队员的方式，我们称其为大力手抛球。

（六）球门球

球门球指的是对方进攻球出底线后，本方守门员的发球方式，也就是将球放置于小禁区范围内，通过大力助跑，在球与地面的夹角处，运用脚背正面或脚背内侧完成击球动作，击球时，以大腿的摆动带动小腿，并且支撑脚的脚尖朝向出球方向，在击球后持续摆腿动作，以便完成球门球的发球动作。

（七）大力凌空球

大力凌空球指的是守门员接住来球后，选择将球迅速发出的一种进攻策略。在接住来球后，单手持球并助跑，将球平举后，使其以自由落体的方式落下，支撑腿的脚尖朝向出球方向，另一条腿做鞭状摆腿，用脚背正面击中下落足球的底部，触球瞬间保持脚背绷直，触球后，保持摆腿动作直至后续动作的完成。一般来说，大力凌空球的方式，一方面出球距离比较远，另一方面飞行高度比较高，能够瞬间将球传递至对方防守区域内，从而获得射门或是得分的机会。

（八）守门员训练

守门员是球队中一名特殊的球员。在球队日常训练中，需安排专门的球员与之展开配合训练，守门员的站位与移动可以配合接球扑救一同训练，使用训练绳在地面上摆出小格子，守门员需要双脚连续碎步踩过这些小格子，再面对来球运用不同的扑救方式；守门员反应力的训练方式，主要是让守门员坐在地上保持一定的姿势，从其头上部偏后部位向守门员双手位置进行抛球，以自由落体方式落下，守门员需要在发现来球后，迅速用双手碰触来球，以此来训练守门员的反应力；发球方式的训练，主要是根据不同的发球方式，安排专人进行配合训练。

七、界外球基本技术教学与训练

2019 年，在热刺欧冠小组赛主场应战奥林匹亚科斯的比赛中，热刺球员反击时，足球被奥林匹亚科斯防守球员破坏，导致球出边线，但是通过迅速地快发界外球，热刺小组在短时间内顺利地完成了以多打少，并且进球得分，这次进球也成为全场比赛的转折点，热刺在之后的剩余时间内，接连攻破对方大门，最终赢得了比赛的胜利。由此可见，若是能够灵活运用界外球技术，也可以帮助球队取得最终的胜利，通常来说，界外球的发球可以分为普通界外球和大力界外球两种。

（一）普通掷球

根据界外球发球规则，发球球员在整个发球过程中，双脚既不可进入球场之内，同时也不可离开地面，发球动作面向接球队员，双手将球从头部后侧抛至接球球员，整个抛球过程必须一气呵成，中间不可有任何停顿。普通掷球是最为常见的界外球发球方式。

值得一提的是，与球门球和角球类似，界外球在发球时不受越位规则的限制，因此在之后比赛中出现了大力界外球的战术。

（二）大力界外球

大力界外球需要发球队员通过一段助跑后，再结合发球方式将球大力抛出，由于不受越位规则的限制，因此部分球员甚至可以将球抛至禁区内，帮助本方队员完成进球得分。在大力界外球的训练中，应当加强助跑以及掷球连贯性的训练。

（三）界外球训练

界外球训练分为无球训练和有球训练，无球训练主要是手型与姿势的训练；有球训练主要是通过面向墙壁的方式进行掷球训练，同时还可以通过反弹球的方式进行停球训练，然后以二人一组的方式，朝向某一物品进行掷球精准度的训练，在此基础之上，再加入助跑进行大力界外球的训练。

八、过人基本技术教学与训练

要想在足球比赛中取得最终的胜利，最为关键的一环是射门进球，球队的战术可以在一定程度上帮助球员实现进球，但是更多时候需要的是进攻球员自己拥有超高的过人技术，成功地摆脱对方球员的防守，从而更好地为进球创造机会。过人动作通常分为无球动作与有球动作，无球动作指的是球员通过无球跑动，促使防守球员离开自己的防守位置，为己方持球球员创造进攻机会，无球跑动并非瞎跑，在跑动的过程中，一方面需要促使对方防守球员随之一起跑动，另一方面还应当为自己随时参与到进攻队伍中留有一定余地；通常来说，有球动作主要是为了面对与摆脱防守球员而做出的技术动作，下面将对校园足球中经常运用的过人技巧进行具体阐述。

（一）马赛回旋

马赛回旋动作出自法国球星齐达内，并以齐达内的家乡马赛而命名，是世界足坛上较为经典的足球过人动作。

马赛回旋过人时，动作华丽，技巧实用，只要稍加练习便可成为一个有效的个人摆脱技巧，在带球跑动过程中面向防守球员，使用马赛回旋过人动作效果极佳，能够轻松甩开对手，为自己的队伍创造进攻机会。

马赛回旋的动作要领是，正向带球时，用一只脚轻踩住足球后，顺势以踩球的脚为支点旋转180度，在即将完成转身的同时，更换另一只脚将球向后拉，同时，为了摆脱防守球员，再完成一个180度的旋转。整个马赛回旋动作一气呵成，能够促使球员轻松摆脱防守球员。马赛回旋的动作要领就是稳定身体的重心，在日常训练时，应当将复杂的动作分解，第一步练习踩球，第二步练习踩球转身，第三步结合拨球连贯练习。

（二）踩单车

踩单车最早起源于巴西，随后逐步推广至全世界。该动作的要点是通过不断变换的双腿，扰乱对方的防守意图，促使对方的重心发生改变，从而为自己完成过人动作提供空间。

当进攻球员面对防守球员带球前进时，用右脚假装以脚背外侧向右拨球，做动作时却从球的前方划过，并回到球的右侧作为支撑脚，促使防守球员重心发生改变，向假动作方向做出动作，伺机从反方向完成过人。也可以通过不断重复上述动作，伺机判断对手的防守意图，寻找机会完成过人动作。

（三）撞墙配合

撞墙配合，又称二过一配合，是一种两人或者多人的团队配合方式。由第一名球员持球进攻并面向防守球员，将球传至本方第二名球员后，继续不断向前跑动，将第二名球员当作"墙"，在接球后将球再回传至第一名球员，完成过人配合。撞墙配合的要点是当第一名球员将球传至第二名球员时，对方球队的所有注意力都被吸引至第二名球员，而此时第一名球员趁机跑至无防守球员的区域为下一次配合做准备。

撞墙配合指的是两名进攻队员面对一名防守球员或是多名防守球员，可以在短时间内突破对方防线。撞墙配合简单有效，可以实现快速转移球，发动进攻，形成以多打少的局面，从而获得射门进球的机会。

（四）急停转身

急停转身一般适用于边路进攻，当球员在高速带球跑动时，对方防守球员也在高速跟进，此时本方带球球员突然运用支撑腿稳住重点，另一条腿运用脚弓或是脚背内侧将球拨至身后，运用突然的急停将防守球员甩开，从而为进攻创造机会。

第三节　校园足球战术教学与训练

一、校园足球基本战术教学

如果说足球技术是球员技术水平的体现，那么足球战术就是整个球队之间默契配合的彰显，它是球队作为一个整体在不断的进攻与防守中所采取的一种策略，足球比赛中有攻就有守，因此足球战术能够分为进攻与防守两种战术策略。在比赛中，面对不同的比赛对手，运用有针对性且科学合理的战术策略显得尤为重要。除了上述基本的进攻与防守战术，还有下列几种校园足球比赛中常见的进攻战术。

（一）进攻

当球队取得球权时，球队便开始运用他们的进攻战术，在校园足球比赛中最为有效的进攻策略包括利用球场宽度策略、渗透战术、灵活跑位战术以及个人技术。

利用球场宽度的策略主要是指通过利用边线，拉开对手防守范围的宽度，为己方球员提供更多的空间；同时也可以通过两个边线球员之间频繁大范围的传球，从而使得对方防守球员开始跑动，从而更好地为己方进攻球员创造进球机会。

渗透战术主要指的是当本队队友拉开活动空间时，进攻球员伺机穿插至防守球员之间的空位，利用出其不意的跑动，为射门进球创造更多可能。

除了渗透战术之外，在校园足球比赛中运用的进攻策略还包括无球球员对防守球员的拉扯，通过灵活跑位可以为队友创造更多切入机会，这对球员体力的要求相对较高。

个人技术就是要求球员在持球时，利用个人技巧摆脱防守队员，同时，也需要球员具备灵活的应变能力与丰富的临场经验，从而更加准确地判断射门或者传球的时机，这对球员个人技术与素质也提出了更高的要求。

（二）守门员快攻

所谓守门员快攻战术是指当对方进攻被守门员终止后，在对方球员还没有回撤至防守位置时，通过手抛球或大力发球传至本方进攻球员，进而获得进攻机会的战术。通常来说，守门员快攻时应当注意在快发球时，防止被对方拦截抢断从而造成被动局面。

所谓界外球快攻是指本方进攻被对方球员破坏，当球被对方球员拦截出边线后，由己方球员迅速通过界外球发球至本方球员，利用对方回防不到位和防守位置空缺的时机，为射门进球或者进攻创造可能。

（三）定位球

根据定位球至球门距离以及发球球员的技术，可以将定位球分为直接射门和传球两种。具体来说，当距离球门较近时，发球者可以选择定位球直接射门，因为需要直面对方人墙和守门员，因此对发球者的技术要求较高；当定位球位于本方的中后场或其他不适宜直接射门的位置时，可以选择将球传至本方球员再进行射门，这种方式容易造成防守球员的混乱，从而给己方进球得分创造机会，但若是进攻被防守后应当及时回撤，防止被对手以多打少。

（四）角球

角球战术包括直接角球传球和战术角球两种。一般来说，直接传球是通过角球发球至本方球员，利用头球或射门进球得分；而战术角球则是指在角球旗附近与本方球员做短传球的配合，再采取适宜的战术为进球创造机会。

在足球比赛规则中，角球不受到越位规则的限制，因此有些球队会选派专门的球员负责贴近守门员，从而便于更快地进球得分，但是只要角球在发球后被球员接触，随即便要遵守越位规则，因此进攻队员应当尽可能地退回到越位线内，寻找门前的补射机会。

（五）防守

防守战术是指在对方球队组织进攻时，本方球队所采取的扼制对方进攻的一种战术。通过运用积极的防守策略，使得对方的进攻态势得以阻断，本队态势由防守转为进攻，具体包括干扰策略、整体策略和区域策略。

干扰策略主要是指当对方界外球和定位球发球时，由一名己方球员上前干扰对方快发球，及时使本方球员回归防守位置，避免出现以多打少的局面。

整体策略主要是指球队防守时，所有本队球员应当齐心协力，将自己所在位置的防守任务完成好，包括前锋球员与后场球员等，从而充分发挥出团队力量，完成逼抢等配合。

区域策略主要是指在防守区域内，球员应当做到一对一的防守，在防守对方球员的过程中，不应出现任何防守空位，防止给单人进攻球员提供持球无人防守的机会。

二、校园足球基本战术训练

通常来说，球队进攻与防守的战术训练是以队内对抗赛的形式进行的，一般是八人为一队，包括一名守门员、三名防守队员、两名中场球员、两名前锋，以足球场半场的大小为界限，三十分钟时间的限定，双方各自制定自己的战术展开队内对抗赛。队内对抗赛的优势是因时间与空间上的限制，更加便于实现小范围内的配合，使得队员之间的默契度得到增加，同时人员配置较为合理，能够充分发挥各自位置的作用，从而便于训练出一整套的战术体系；劣势就是与正式足球比赛相比，队内对抗赛的激烈程度相对较弱，无法让球员较为真切地感受到比赛的紧张气氛。

特殊的进攻战术则需要经过专门的特殊训练，使得进攻球员之间的配合更加默契，以角球战术为例，在正式的训练中，将进攻球员与防守球员划分为两队，结合守门员的防守，在其训练中，分别对不同的角球战术进行尝试，从而更好地判断出各种战术的优劣性，制定出适合本球队的角球战术。定位球战术在校园足球中也发挥着重要作用，其训练方式是通过对不同位置的定位球进行模拟，进而了解正式比赛中不同定位球的情况。

通常来说，战术训练是为了更好地提高球队整体应战能力的重要方式，可以对不同位置的球员进行有针对性的训练，例如在训练守门员的快攻战术时，可以让其进行不同发球方式的练习，包括扑球等；而进攻球员除了训练接球之外，还应当配合射门与运球进行训练；对于防守球员来说，可以训练他们的配合防守等。因此，在战术训练时，应当安排好不同位置球员的训练重心。

第六章 校园足球训练的身心健康保健

第一节 校园足球运动员的体能训练

一、校园足球运动员的体能训练的必要性

在校园足球训练中，要想提高足球运动员的身体素质需要经历一个长期的过程，因此，在足球运动员的日常训练中，体能训练是必不可少的训练内容。现代足球在全攻全守战略思想的指导下，要求足球运动员不仅要能够承担个人位置的职责，还要能够在必要时顶上其他重要位置，出于这一战略思想的要求，足球运动员必须向全能性的方向发展。

足球运动员职责增加，必须可以胜任不同点位，不同点位对运动员的身体素质要求不尽相同。因此，足球运动员的身体素质必须紧跟全攻全守战略思想，在教练以及专业人员的训练指导下，提高运动员身体素质，

也就是要求现代校园足球运动员参加体能训练，对于一套完整的训练系统来说，这是其中必不可少的关键环节。

由于足球运动具有间歇运动的特点，每隔3～5秒比赛局势就可能会发生变化，因此球员应做好随时进行跳跃、转弯、抢断、高速奔跑、冲刺等激烈动作的准备。力量性、柔韧性、敏捷性和下半身的爆发力对于足球运动员的赛场表现有着重要影响。

一场高质量的足球比赛，对足球运动员的身体素质有很高的要求。因此，足球运动员为了适应高强度比赛，在日常训练中需要承受较大负荷的训练。而运动员的身体素质是参与训练和参加比赛的基础，是其进行基础技战术训练的重要前提，也是足球运动员在比赛中能够保持良好身心状态的前提准备。

二、校园足球运动员的体能训练原则

校园足球运动员的体能训练主要分为一般身体素质训练和专项身体素质训练两大类，具体包括身体素质训练、速度训练、耐力训练、灵敏度训练、柔韧度训练和力量训练等方面。其中一般身体素质训练主要是为了提高校园足球运动员的身体素质。专项身体素质训练则是基于足球运动的特点专门进行的专业性的身体素质训练。

校园足球运动体能训练是专项身体素质训练和一般身体素质训练协调均衡发展的过程，二者是相互促进，相互对立，又和谐统一的关系。一般身体素质训练是进行专项身体素质训练的基础，同时，进行一般身体素质训练也能使球员的专项身体素质得到一定程度的提高。因此，一般身体素质训练和专项身体素质训练并不矛盾，运动员必须同样重视这两种训练，并寻求两种训练全面均衡协调发展的路径，从而有效提高运动员的运动水平。

在开展校园足球身体素质训练的过程中，必须把握青少年身心发展规律，遵循青少年成长规律。利用足球训练，配合学生成长需要，并根据身心发展规律制订训练计划，从而取得较好的训练成果。为提高校园运动员身体素质训练，必须遵循以下几点原则。

1. 全面化和系统化

提高校园运动员的身体素质，要在着眼于提高球员足球技能的前提下全面安排各项运动技能训练，从而全面提高运动员的身体素质，调节并提高运动员身体机能，实现高水平运动技能的发展。

另外，身体素质训练必须以完整而系统的训练准则为依据，科学合理的培养校园运动足球运动员，要关注运动员身心素质的发展。

2. 因人而异

因材施教同样适用于校园足球运动员身体素质训练。虽然校园足球运动员的年龄相仿，身体素质水平也比较接近，但是每一个球员都是独特的个体，他们之间的身体素质、心理发展水平、智力思维因素等方面都存在不小的差异。因此在球员身体素质训练的过程中也要因人而异，根据训练对象的不同特点，有针对性地开展和安排身体素质训练任务。通过不同的训练方法以及设置的不同训练负荷量来全面提高足球运动员的身体素质，以确保所有的运动员在经过身体素质训练后都能达到理想的训练效果。

3. 积极采用恢复手段

足球运动是一项对技术水平要求极高的运动项目，因此，想要提升足球运动员的技术水平，就必须先提高球员的身体素质，从而确保球员可以承担更大的运动负荷。但是由于运动员的身体负荷增大，为了减少运动的损伤，提升运动员的负荷能力，富有经验的教练员往往会采取恢复性的训练手段，如心理恢复、营养恢复、生物学恢复等。

4. 训练与专项特点相结合

开展运动员身体素质训练之前，必须明确身体素质的最终目的，即提升运动员在球场上的表现。因此身体素质训练必须有的放矢，针对运动员所需的机体机能以及足球运动专项素质发展需要，将运动员身体素质训练和专项素质训练紧密结合起来，构成综合性训练，提升运动员的技战术水平，促使运动员在球场上取得佳绩。

三、校园足球运动员的体能训练方法

（一）力量素质训练方法

力量就是人体肌肉系统工作时展现出的对抗阻力的能力。力量是足球运动员必须具备的身体素质。足球运动不仅需要运动员拥有可以持续较长时间的耐力性力量，还需要具备一定的爆发力，因为不管是射门还是传球，瞬间的爆发力都是至关重要的。因此，校园足球运动员在训练力量素质时，就要将提升耐力性力量和爆发力作为最终训练目标。教练员要关注影响运动员耐力性力量和爆发力的红、白肌纤维的质量，并全面提高红、白肌纤维质量。对此，教练员首先必须清楚应如何提高红白肌纤维质量，当个体采用其最大力量的 1/2 以上负荷时，参与力量活动的主要是白肌纤维；当个体采用其最大力量的 1/4 及以下负荷时，参与力量活动的主要是红肌纤维。因此，足球教练就可根据不同负荷重量下参与活动的肌纤维的规律为依据，有针对性地开展相关训练。

为提升运动员的肌肉群质量，改善其中枢神经系统调节的一致性，教练员要掌握一定的生物力学和解剖学的理论知识，并与技术动作或练习手段相结合。要想有效提高运动员动作的最佳机械效率，应注意以下三点：第一，开展力量素质训练时，必须充分锻炼参与训练的肌肉，确保训练之后达到理想效果；第二，专项动作训练时，肌肉收缩时的条件需要与练习手段的用力支撑条件相匹配；第三，注意提升练习的速度。

足球运动中的力量训练，主要包含动力性训练中的上身力量、腰部力量和腿部力量训练。

1. 上身力量训练

上身力量中包括颈部力量、上肢力量和肩背力量。为达到良好效果，通常采用俯卧撑或引体向上等运动以增强上身力量。为确保训练的安全性、规范性以及科学性，教练必须在完成规范性指导后，全程跟随训练，有效实施训练监督。

2. 腰部力量训练

腰部力量训练是为了增强足球运动员的核心力量。通常运动员可选择仰卧起坐、坐卧体前屈等项目开展腰部力量训练。教练同样必须做好指导与监督工作，防止因运动员腰部训练不当出现腰肌劳损的情况。

3. 腿部力量训练

足球运动员的腿部训练是力量训练中的关键内容。足球运动员的腿部力量是判断足球运动员专业能力的基础，常见的腿部训练包括立定跳远、多级跳、蛙跳等。教练需要根据运动员的实际发展水平制定训练量和训练内容，在确保训练效果的同时还要保证运动员的身心健康。

（二）速度素质训练方法

校园足球运动的速度训练主要由反应速度、动作速度和位移速度三大部分构成。教练员组织开展速度训练时，首先应创设与足球比赛相近的情境，使训练者产生如同在真实赛场上的紧张感，从而更好地引导运动员提升反应速度、位移速度以及动作速度。

1. 反应速度的训练

反应速度的训练是教练组织运动员在不同形式的抢球、不同姿势的起跑以及短速跑的过程中练习急停转身、变向等能力。教练员可通过突然发出的信号，练习足球运动员对听觉信号和视觉信号的反应速度，运用移动的目标，锻炼运动员中枢神经系统的机能水平。

2. 动作速度的训练

动作速度的训练主要是教练组织运动员练习快速传球、连续射门、快速铲球等内容。

3. 位移速度的训练

位移速度的训练通常是以变速运球、变向运球跑、高抬腿跑、小步跑等方式进行训练。位移速度依靠奔跑过程中非乳酸的无氧代谢供能，因此教练应注重运动员非乳酸无氧供能能力以及 ATP① 再合成能力的提升。

速度训练相比力量训练，更强调运动员的反应速度。因此在开展训练之前，应当带领运动员做好热身活动，调整其身体状态，防止出现扭伤、肌肉拉伤、摔伤等问题。为提高运动员的动作速度，可以训练动作的肌肉爆发力以及动作间的衔接技术。

（三）耐力素质训练方法

1. 有氧耐力

有氧耐力是无氧耐力的前提准备与基础，只有运动员具备了良好的有氧耐力水平，才能促使运动员自身机体内能源物质充分循环与利用的同

---

① 腺嘌呤核苷三磷酸，简称 ATP，是生物体内最直接的能量来源。

时，提高摄氧、输氧和用氧的能力，加速运动员自身机体的恢复，缓解运动员的疲劳感。足球运动员有氧耐力训练的本质是提高运动员的心肌收缩能力，因为心肌收缩能力对一个人的输氧能力具有决定性作用，运动员的心肌收缩能力较高，对应的运动员最大吸氧量水平也比较高，因此提升运动员心肌收缩能力是运动员参与有氧耐力训练的最终归宿。

提升运动员心肌收缩能力主要有两种途径：一种是不间断匀速复合法，即要求运动员采取本人运动强度承受最大强度的 7% 左右，进行持续跑训练；另一种则是采取变速负荷方法，运动员在教练的指导下负重，开展变速跑训练。

2. 无氧耐力

据调查证明，当前制约足球运动员体能发展的重要因素是足球运动员的肌肉耐力水平，特别是其中的肌肉无氧耐力水平。因此，就足球运动员的无氧耐力水平深入研究发现，对无氧耐力水平起到决定性影响作用的是无氧代谢水平。具体来说就是无氧糖酵解能力、机体组织抗乳酸能力、能源物质（主要是 ATP 和 $CP^①$）的储备以及支撑运动器官的功能。足球比赛中，运动员 5～15 米的快跑冲刺占 80%～90%，比赛中快跑冲刺和慢跑与走的时间比约为 1∶7.14，因此足球运动员的非乳酸无氧耐力必须具有良好水平。为进一步提高足球运动员的体能，深入研究如何提高足球运动员的肌肉无氧耐力水平是重中之重。

根据人的身心发展规律特征，耐力训练要以 16 岁作为分界线。在运动员 16 岁之前，主要让其进行有氧耐力训练，到了 16 岁之后，就要将重心转移到无氧耐力训练上。对于校园足球来说，大部分运动员均在 16 岁之内，因此，训练策略应以有氧训练为主，无氧训练为辅。坚持符合运动员身心发展规律的训练策略，严格把控好训练的时间与强度。

---

① 磷酸肌酸，简称 CP。

以耐力训练中的中长跑为例，在开展校园足球运动员无氧耐力训练时，可选取 5000 米长跑或 1 万米长跑作为耐力训练项目，安排设置距离为 5 米、10 米或 20 米的折返跑来训练运动员的极限耐力；还可以要求运动员穿球鞋进行无氧耐力训练，也是帮助运动员适应足球场上状态的一种有效方式。这种以有氧训练为主、无氧训练为辅的耐力训练方式为足球运动员打下良好基础，从而帮助他们迅速提升自身的耐力水平。

（四）柔韧素质训练方法

在校园足球中，训练足球运动员的柔韧素质也是必不可少的一部分。校园足球运动员处于身体柔韧度较好的年龄，但由于足球运动是一项激烈且能量消耗较大的运动项目，关节特别是髋关节的骨结构、关节周围组织，以及胯骨各关节的韧带、肌腱、肌肉、皮肤等都是决定足球运动员柔韧度的重要部位，同时也是容易因运动造成损伤的部位。

为提升足球运动员的柔韧度，教练员可定期带领足球运动员开展体前屈等柔韧度训练与培养的活动。此外，为增添训练的趣味性，教练也可组织一些游戏或趣味性的活动以调动运动员的积极性，从而达到提升运动员柔韧度的目的。

（五）灵敏素质训练方法

足球运动具有高速、激烈等特征，因此灵敏素质也是足球运动员的关键特质之一。在足球运动比赛中，灵敏度较低的足球运动员不能快速、协调、准确地转换体位，只有灵敏素质较高的运动员才能对足球场上局势做出快速判断，并调整自己的作战技术，扭转场上的局势。足球运动员的灵敏素质水平主要受以下几点影响。

1. 中枢神经系统的灵活性

当足球运动员的大脑皮层兴奋度较高，意志的灵活转化能力较强时，运动员可以快速处理人、球、同伴和对手之间的关系，快速准确地把握好时间和空间，并做出准确的反应。

2. 观察能力与反应速度

运动员动作的完成要依靠良好的反应速度与观察能力。观察能力是足球运动员在足球场上开展行动的前提条件，快速反应则是运动员在足球场上必备的基本素养。

观察能力的高低是决定足球运动员灵敏素质高低的前提条件，反应速度是灵敏素质的外在表现形式。因此，足球运动员敏锐的观察能力和快速的反应速度是足球运动员具备良好灵敏素质水平的一种体现。

3. 运动技能的储备和熟练程度

虽然运动技能具有迁移特质，但足球运动员掌握较多且运用比较熟练的运动技能会对足球运动员的大脑皮层起到积极的刺激作用，同时也会对足球运动技能的灵敏反应起到积极的促进作用。

4. 综合素质的能力

灵敏素质与运动员的力量素质、耐力素质、柔韧素质等是紧密相连的，当运动员各项身体素质水平得到不断提高与发展以后，运动员的灵敏素质也会相应得到显著的提升。

教练要想对运动员进行有针对性的敏捷性训练时，可采用将交叉步移动练习、多种动作过障碍、侧向移动练习等相结合的策略进行训练。另外也可以通过"喊号追人"等游戏来锻炼运动员的敏捷性，趣味性的训练可以有效缓解运动训练的枯燥感和乏味感，防止运动员丧失训练的动力和兴趣。

第二节　校园足球运动员的心理训练

一、足球运动心理训练概述

（一）心理训练的原则

校园足球应遵循运动员的运动规律，结合运动员的身体素质状况开展心理训练。心理训练要在科学方法的指导下，以及在遵循学生身心发展规律的前提下进行。在进行校园足球运动心理能力训练时，务必遵循以下几项原则。

1. 自觉积极

校园足球运动员之所以能够在心理训练中呈现出良好的训练效果，是因为教练会细致地讲解心理训练的目的和作用，告知其心理训练的具体方法与内容，使其端正态度，积极参与到心理训练中去，最终培养运动员自我分析、自我调整和自我控制的能力，并不断促进运动员积极参与到训练当中。

2. 全面而系统

校园足球运动开展心理训练，要求遵循全面原则和系统化原则，这意味着开展心理训练必须与身体素质训练紧密结合，心理训练的开展要遵循全面系统的原则，做到面面俱到。心理训练主要包括对球员心理状态、个性心理特征、心理过程等内容的训练。在实际的训练过程中，教练员应给予积极的回应与反馈，促使运动员在接受相应训练后能够产生积极效果。

3. 个体差异

世界上没有两片完全相同的树叶，人与人之间也同样存在种种差异，正如前面提及的，运动员身体素质不同，因此在体能训练中要因人而异一样，开展心理训练也必须基于运动员的实际情况因材施教。对不同的足球运动员心理特征与个性心理，必须有针对性地对其进行训练，以确保获得更好的心理训练效果。

4. 循序渐进性和重复性

心理训练如同其他训练类型一样，不能一蹴而就，必须循序渐进，要基于足球运动员的心理发展客观规律，阶段性的开展心理训练。教练面对运动员的各项要求，应参照各项要求的具体指标，从易到难使其逐步提高，直到各项要求都达标为止。之所以要设置难易度不同的训练任务，原因在于足球运动训练过程是一个逐步提高的过程，一旦训练难度过高，对于运动员当前阶段而言难以实现，则会导致运动员产生退缩畏惧的心理，这不仅不利于运动员的意志训练，甚至还有可能导致运动员直接放弃足球运动。

心理训练的重复性不仅有利于促进运动员心理品质不断熟悉、发展与提高，还有利于增强学生的信念感，因此，教练员要意识到重复的重要性，在心理训练中必须坚持重复性原则，切忌每次都开展新的训练项目。

5. 持之以恒

心理训练不是一朝一夕就能提升的训练内容，必须经过长期不断的坚持才能有所成效。要经过深入的学习和体会以及不断的实践，实现提高运动员的心理素质的目的。期待通过短期训练来获得成效的想法是不明智的，因为心理训练本身具有效果滞后性，往往是经过一定量的累积后才能促进质的飞跃。即通过长期反复的训练以后才会产生效果。如果急于求成，非但不能培养出更多心理素质优秀的校园足球运动员，反而还会对运动员的心理造成不良影响。

6. 长期训练和短期训练相结合

校园足球的心理训练是为了帮助足球运动员克服诸多心理障碍从而取得比赛胜利的一种训练。长期的心理训练有利于个人的身心健康，并能塑造正确的情感态度和人生价值观，有助于运动员各项身心素质的提高；短期的心理训练则致力于帮助运动员以更好的心理素质应对突发的挑战。心理训练要将长期训练和短期训练结合起来进行。

（二）心理训练的要求

心理训练是校园足球训练的重要组成部分之一，它不仅能使运动员提高心理素质，而且还能使运动员在心理状态良好情况下不断提高自身的身体和战术水平。

1. 身心结合的心理训练

之所以要对足球运动员进行体能和心理结合的训练，是因为足球运动是一项身心结合的运动项目。在足球比赛中，往往伴随着激烈的竞争和高强度的体能对抗，而且这种对抗趋势会不断增强，因此就要求运动员能够在球场上激烈对抗的条件下始终保持良好的心理素质。运动员的体能训练是培育运动员身体素质的有效手段，同时也是增强运动员韧性和顽强意志的重要途径，将心理训练与体能训练相结合，可以使足球运动员的身心素质得到全面提高。

2. 技术整合的心理培训

技术训练是足球训练的一个重要内容，技术训练永远贯穿于足球训练的始终。足球技术是运动员能力的重要体现，技术训练也是提高足球运动员智力、创造力以及心理素质的重要手段。在学习技术过程中，要充分认识心理素质在技术改进和发展中的作用。

3. 结合战术的心理训练

足球运动的战术训练主要是为了培养运动员的思维能力和凝聚力。战术训练与心理训练相结合，不仅可以提高运动员的个体战术意识，也能促进他们的集体思维和团结意识。运动员在比赛过程中的观察、判断和团队互动必须依靠一定的心理活动参与。

（三）心理训练的程序

1. 一般心理训练的程序

心理训练是一项相对较为复杂的工作，并没有统一的训练程序，根据训练的不同性质、不同目的以及不同内容，可按如下步骤进行，如图所示（图 6-1）。

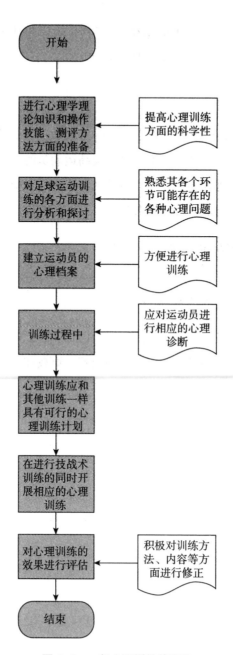

图 6-1　一般心理训练的程序

2. 赛前心理调节的程序

（1）提高运动员对于心理训练方面的认知，保持积极良好的态度。

（2）对比赛的资料进行收集、整理、分析，了解可能出现的赛场情况。

（3）了解可能出现的心理问题，并识别其征兆。

（4）积极进行赛前心理诊断。

（5）针对具体情况采用相应的心理训练策略。

（6）实施心理训练的策略、方法与手段。

（7）总结经验和教训。

二、足球运动心理训练的内容

足球运动员的心理能力训练是在一般心理能力训练的基础上，形成专项特点的心理素质的过程。这是运动员经过长期反复练习获得的技能，其训练的内容主要包括以下几个方面。

（一）专门化知觉

专门化知觉是对参加某项运动的运动员关于该运动的心理感知，它是一项复杂的感知，是足球运动员的主要心理因素之一。足球运动员专门知觉包括球感和时空感。

1. 球感

球感是运动员经过长期训练后形成的一种特殊的足球知觉。球感指的是运动员对球的大小和重量的感觉，是运动员对足球形状和弹性所产生的极其微妙的分化感知。通过球感训练，可以使运动员拥有较强的足球把控力，并增强自信心，从而更加准确、流畅地做出传球、射门等动作。

培养球感是培养一种感觉，因此需要经过长期的触球训练，即便是运动员处于休假期间，也应持续进行触球训练，否则空白一段时间后，这种球感就会逐渐减弱直至消失。另外，在运动员情绪激动或过度疲劳的情况下，也会产生球感削弱的感觉。

2. 时空感

时空感是在比赛过程中，运动员在各种刺激物的刺激下，时空感觉能力分析器进行微妙分化的结果，也是在大脑皮层中形成复杂而持久的神经连接的结果。时空感是运动员最重要的特殊心理素质之一，它决定了运动员的球感准确度，是对一名运动员的运动水平进行高低划分的重要标准，因此，通过高强度训练以获得良好的时空感，对于运动员来说具有重要意义。

运动员时空感判断能力的好坏在很大程度上影响着运动员自身的判断能力。也就是说，时空感强的运动员在比赛中可以更好地判断球的运动轨迹、各个球员位置的移动等球场局势，从而有效把握场上信息，做出正确判断，促使比赛局势由被动转为主动。

校园足球比赛激烈，场内情况瞬息万变，这就要求运动员在短时间内抓住防守进攻的时刻。要想做到这一点，运动员就必须能够进行迅速而果断的行动，要准确地评估队友、对手、足球以及身高、速度和距离的信息，这些都可以作为空间判断的重要依据。

（二）情绪稳定训练

情绪是个体心理过程中的一种具体形式，是一个人对事物的态度和行为反应。情绪稳定对足球运动员来说是至关重要的，它是运动员主要心理因素之一，可以保证运动员技能的正常发挥。

在球赛中，运动员身心都处于高度紧张、紧绷的状态，因此，在比赛过程中，运动员也经常会表现出复杂多变的情绪感受，严重的话甚至会对比赛的战局和结果产生直接影响，因此，运动员对自己情绪的控制和调节尤为重要，特别是在本队落后或处于劣势的情况下，情绪的恶化将进一步加剧，从而对比赛造成十分不利的影响。

情绪稳定是运动员潜能被激发的重要因素，也是赢得比赛的重要条件，其重要性是不言而喻的。因此，为了稳定运动员的情绪，在赛前和赛中必须做到以下几点。

1. 比赛前

在比赛前，为了防止足球运动员出现过于兴奋、对比赛漠不关心、盲目自信等负面的精神状态，球队教练就必须先对运动员的心理状态进行深入分析，分析其内在构成因素，并及时告知运动员这种情绪状态的消极影响以及可能造成会对比赛造成的不良后果，从而帮助运动员快速恢复良好的精神状态。

2. 比赛中

在比赛中，要让运动员在场上保持兴奋状态。足球运动激烈而富有激情，运动员除了要情绪稳定以外，也要保持一定的兴奋性，这样才能更好地发挥出运动员的最佳水平。赛场上的情况好坏参半，进球时运动员的情绪状态可能表现为陶醉和狂热，失球时运动员的情绪状态可能会表现为悔恨和被动，这种转变往往就在一瞬间。因此，运动员应集中精力改变情绪状态，并做出积极、快速地调整，教练也应通过有针对性的暗示激发运动员的信心和斗志，还要通过有效的消除消极情绪的措施来缓解运动员的紧张情绪。

运动员在比赛中要让自己的精神保持兴奋感，教练在比赛时要帮助运动员激发出自己最深刻、最复杂的感受，即运动光荣感、自豪感以及责任感，使运动员的力量、能力和意志力被最大程度的激发出来。

3. 比赛后

在比赛中结束以后，要让运动员保持在情绪稳定的状态下，然后对整个比赛过程进行分析和总结，认真讨论促成比赛成败的因素，总结经验，并提高运动员的心理素质，胜不骄败不馁，始终保持良好的心态。

（三）意志品质训练

足球运动员的意志力体现在他们为克服困难、实现既定目标所做出的不懈努力上。运动员们在比赛中展现出来的坚强、坚韧、果断、勇敢、冷静等意志品质都会对比赛的过程和结果产生巨大影响。

训练运动员意志的目的是提高其自我控制能力以及信念、行动力和行为的自觉性。培养这种能力的最佳方式是自我教育，即培养运动员自觉完成任务的能力，使其严格遵守相关制度和要求，并不断激励自我、完善自我和约束自我。

具有良好意志品质的运动员，能够积极克服懒惰、注意力不集中、疲劳等情况，始终保持不怕苦、不怕累、勇于拼搏、力争卓越、超越进取的精神，创造积极向上、永不退缩的良好品质。在心理训练中，应针对不同运动员的不同意志品质进行有针对性的教育和训练，将他们置于艰苦的环境中，从而深挖其内在潜力。

（四）自信心培养

自信是良好心理素质的重要组成部分，它决定了人格整体是否得以全面发展，可以使运动员在比赛过程中保持清晰的头脑，勇敢地面对对手，敢于和已知或未知的困难做斗争。倘若运动员不够自信，不相信自己的能力，就会在比赛中表现出恐惧和懦弱，从而错失进攻机会。

运动员必须积极地评价自己，不断增强自信心，这样才能更好地挖掘自我潜能。同时，教练还要不断鼓励球员，要适当地对其能力和运动素质做出积极评价，促进其自信心的增强和心理素质的发展。

（五）注意力训练

注意力是指一种运动员专注于某一特定目标的能力。对于足球这项运动来说，注意力训练的目的是使球员能够做到积极地进攻和防守，从而最终赢得比赛的胜利。在比赛过程中，球员的注意力会受到多种因素的影响，如球员的表现、观众的反应、裁判的判罚等等，这些因素会使他们无法集中精力，从而对运动员的表现造成很大影响。

在足球比赛中，运动员应尽力克制自己不受外界因素的干扰，如果已经被外界因素影响了注意力，就可以通过积极的自我暗示、想象、训练、训导等方式加以调节，以消除内外的消极干扰，全身心地投入到比赛中去。

（六）领导者的心理

领导的作用是通过对个人或组织的行动过程的指导、影响或控制来实现比赛胜利的目的。在领导过程中须重点关注三个因素，即影响力场、领导能力以及影响环境。一般来说，任何一个团体或组织，无论规模大小，总是缺少不了领导。领导负责整个团队的指导工作，以及团队与外界的协调工作。领导的产生往往有多种途径，无论是自然产生、选举产生还是由上级组织直接任命的，他都要对整个团队负责，要处理好团队中大大小小的事务。

球队教练是大家学习的榜样，他必须做到通过各种方式与球员保持良好的关系，优秀的足球教练必须具备热情、自信的美好品质以及强烈的感染力和奉献精神，使球员能够服从自己的领导，并以身作则，以榜样的力量对球员起到很好的激励和鼓舞作用。

足球队长不一定是表现最好的足球运动员，但他必须在球队中有很高的威信力，并且具备良好的心理素质和一定的领导能力，能够带领队员刻苦训练，打造良好的团队凝聚力。当球队处于困境时，队长应能够对当下的局势做出清醒地分析和判断，并果断采取有效措施，带领球队走出困境。

三、足球运动员的心理调节

（一）赛前不良心理状态与调试

1. 赛前不良心理状态

运动员赛前的心理状态可分为过度兴奋和冷漠两大类。如果运动员处于过度兴奋的状态时，就可能会丧失自我控制的能力，从而造成运动的混乱和比赛技战术选择紊乱。如果运动员处于冷漠的状态时，就可能在赛场上表现得缺乏斗志、无力、抑郁、状态松弛等。冷漠状态下运动员易产生以下几种不良的心理表现。

（1）赛前焦虑。赛前焦虑是指运动员在赛前一段时间内身体反应出现紊乱，生理表现为进食与睡眠不稳定、呼吸不畅、心跳加快等。心理表现为粗心大意、暴躁易怒、疲惫不堪、身心反应迟缓、过度兴奋等。

（2）赛前抑郁。赛前抑郁主要表现为对比赛持消极态度，没有竞争欲望，意志消沉，注意力不集中，没有斗争向上的精神。这是对比赛展现出的完全漠不关心的态度。在这种状态下，运动员常常表现出对自己运动能力的怀疑，并出现食欲不振、睡眠质量下降、缺乏灵敏度等情况。出现这些情况的原因往往是由于在前几场的比赛中表现不佳，或者是对前几场比赛期望值过高，且实际表现不如预期。

（3）虚假自信状态。虚假自信属于心理恐惧和认知片面化反应，主要表现在言辞表达上，这并不是真正的自信。面对运动员所呈现出的这种虚假自信的心理状态，教练员要善于引导和教育，认真分析运动员的心理特点，并以此为依据有针对性地对其进行心理调节，帮助运动员调整对待比赛的态度，使运动员能够正视自己的实力以及对手的实力，摆正自己的位置。

（4）想赢怕输。想赢怕输这是一种"怕"情绪，这种情绪下的运动员往往表现出强烈的想赢但是非常惧怕失败的心态。之所以会有这种情绪，根本原因在于运动员的自信心不足，怕因自己表现得不好而影响了整个球队的胜利，怕受挫，又无法采取有效措施克服困难，在比赛中会出现被动、决策不够果断等问题。

2. 赛前心理调节的方法

有压力、感到焦虑是运动员面对比赛时经常会出现的心理现象。当比赛进入白热化状态时，这些不良心理状态可能会使运动员身心失衡，从而做出的动作难以取得想要的结果。不良的心理状态会通常会导致出现以下几种情况。

（1）心怀侥幸心理，从而做出一系列错误的判断，导致场上进攻或者防守失误。

（2）面对敌人产生恐惧心理，从而丧失信心。比如运动员在面对敌人严密的内部防御时就会缺乏射门的信心，从而不战而败。

（3）面对实力弱于己方的球员准备射门时，由于球员轻敌而没有做好防守准备而导致守门失败。

（4）在足球比赛中，过于重视对手的每一个动作，把大量的时间花费在判断对方有没有犯规或对方有没有做出对比赛有影响的动作上去。

（5）前半场始终处于领先地位，但是因后半场落后于对方而丧失信心，从而产生不想继续比赛的心理。

（6）关键球失误或比赛最终失败导致信心大失。

（7）在比赛中急于求成，急功近利，而不是稳扎稳打。

许多心理现象，如缺乏自信、过度紧张、过度兴奋等都是常见的负面情绪。在运动员的日常训练中要注重对其注意力以及自我调节能力的培养，不断提高运动员的心理素质，使其更好地发挥自身的心理优势，增强克服心理障碍的信心。

3. 心理准备训练

心理准备训练就是通过模拟训练使运动员得到心理锻炼，从而帮助运动员做好参加比赛的准备，了解比赛的方方面面。

（1）一般准备。提前熟悉各球队与比赛的相关静态资料。了解队员的心理活动，讲解比赛规则和比赛意义，设定比赛目标，做好心理准备。

充分了解各方的打法和战术，在此基础上制定具体完善的赛前心理训练方案。必须明确比赛所能运用的战术和相对应的心理状态，然后根据其特点进行战术部署，并制定相应的心理训练，形成一定的心理预备机制。如果正确掌握战术意图、心理倾向，就能产生积极的心理影响，从而在比赛中始终占据领先地位。

（2）模拟训练。赛前的比赛模拟训练很重要，特别是对于运动员的心理准备方面具有积极的影响。在模拟赛中，不仅可以提高校园足球运动员在接近比赛环境中的技战术水平，还可以提高他们对比赛的心理适应能力和心理调节能力。在模拟比赛中，应将重点放在如何提高球员面对各种比赛突发情况所展现出的心理承受力和调节情绪能力上来。许多参加模拟比赛的运动员都面临着纠正的心理问题和进一步加强心理建设的准备。足球比赛是一种集体性的比赛形式，但关键球员或者说是明星球员在场上将在很大程度上决定了最终胜负，因此必须为关键球员提供充分的心理训练准备。

（3）心理康复训练。足球赛前应积极进行心理调节，确保身心状态积极良好。主要可从以下四个方面入手。

①心理自我调节。运动员采用最舒适的放松姿势，使肌肉得到放松，并且调节自主神经系统功能，缓解赛前过度兴奋、动机过强、神经紧张等不良心理状态。

②场景重现。在足球赛开始之前，运动员需要保持高昂的情绪，一般可以通过在头脑中再现运动员最佳技术动作来增强其兴奋度。

③训练调节。训练调节是一种很好的心理调节方式，如果过度紧张，可以进行低强度、大幅度、速度和慢节奏的准备活动；如果比赛前的兴奋度很低，那么必须采取高频率、低频率和节奏快的动作调节。

④注意力转移。在比赛前把注意力转移到各种休闲活动上，这样可以有效改善赛前紧张的精神状态。

（二）赛中心理控制的方法

在比赛初期和决战阶段，运动员心理压力往往很大，思想包袱过重，导致思维受限，这样就很容易在比赛中出现失误或者是过失。此外，由于竞争空前激烈，运动员心情高度紧张，许多运动员都会为了避免担负责任，出于逃避心理而出现进攻无力的情况，从而使比赛陷入被动，甚至招致败局。比赛中的心理调节主要有以下几个方面。

1. 呼吸调节

当运动员极度紧张时，他会感到胸闷和呼吸困难，这时就可以通过调节呼吸来消除压力和改善紧张的心理状态。针对因呼吸困难造成的呼吸急促的问题，可采取空气吸入时收缩肌肉和呼气时松弛肌肉进行呼吸调节。

2. 自我暗示和放松

（1）自我暗示。如果比赛中出现情绪波动较大、情绪不稳定等情况，可以用自我暗示的方式，通过"我要保持冷静"、"冷静"、"我感觉很好"、"这一动作我能完成得很好"等进行自我暗示，从而使情绪得到缓解。

（2）自我放松法。足球比赛前，足球运动员可以通过放松身体肌肉使整个身体得到放松。主要方法包括：消除思想包袱、集中思想、深呼吸、自信地微笑以及从头部开始放松全身肌肉。

3. 注意力集中

运动员在比赛中应保持高度的注意力集中，不过当出现了不同的刺激时，运动员可能会分心，从而出现消极的情绪变化，这时就要帮助运动员消除来自外界的烦躁情绪，使其全身心地投入到即将到来的比赛中去。

4. 思想抑制

当运动员的神经紧张是由消极思维引起并且自己已经察觉到时，应转向积极思考以抑制消极思维，这样可以有效摆脱坏情绪。

5. 适当宣泄

在赛场上，当运动员过于紧张时，可通过跺脚、大喊、快速跑等适当宣泄的方式使自己的情绪得以稳定。

6. 教练榜样

教练具有一定的榜样作用。当运动员用目光向教练寻求帮助时，教练可以通过语言、动作、面部表情等向其传递相关信息，运动员在获得这些信息的刺激以后就会信心倍增。如果教练表现出被动或是消极的情绪时，球员就可能会因接收到了这样的消极情绪而突然失去斗志。

7. 临场咨询

在运动员休息期间，教练可以用语言的方式来调节和改善运动员的情绪。例如，当运动员紧张时，跟他沟通的语言应该是有趣而又幽默的；当运动员情绪低落时，应积极鼓励，从而使运动员的情绪得到调节。

（三）赛后心理恢复的方法

运动员赛后的心理恢复要从多个方面入手，如身体素质、心理素质、技术、战术等，从而对运动员进行全面且有针对性的赛后心理恢复，具体方法可参考心理训练的主要方法。

1. 赛后缓解情绪

比赛结束后，运动情境会消失，运动员在赛场上的情绪也会逐渐消失，但也会有运动员的情绪依然停留在比赛结束的那一刻。比如，如果比赛失败，有些运动员会推卸责任或迁怒于他人，还有些比赛的胜利方会对胜利产生迷恋和欣喜若狂的情绪等。这些负面情绪会对校园足球运动员发展水平的提高产生一定的消极影响，因此，赛后可以采用分散注意力、放松身心、改变自我感知等方法使运动员的消极情绪得到缓解直至消退。

2. 赛后恢复自我形象

运动员的形象会因赛场上的情况发生变化：取得比赛的胜利时，运动员可能会产生自负、自傲的情绪，从而过分美化自己、夸大自己；当比赛失败后，运动员关注自身的过失，同样缺乏客观真实的自我评价。此外，如果运动员在比赛的关键时刻做出正确的行为，就会在内心形成自信和积极的心态，从而在接下来的比赛中表现出更多的积极性，以实现自我表达。

赛后形象的校正就是要让运动员还原和提升自我，剔除不真实的元素，对自身实力和他人的实力有一个正确的认知。运动员的形象应该在积极向上的情绪下不断发展和完善，主要的训练方法是自我想象，想象是一种练习，一是形成自己形象的内在过程，二是修复自我形象中的单个元素。

综上所述，校园足球不仅是两队之间在身体上的技术与战术的对抗，也是一场心理上的竞争。校园足球运动员必须具备良好的心理素质，能够在比赛中做好心理准备、心理自我调节与控制，防止因心理问题使自己乃至整个球队陷入被动的境地。

四、足球运动员心理问题及其矫正

（一）训练厌倦及矫正

有些校园足球运动员面对足球训练会产生抵触情绪，因为足球训练对于他们来说是在家长和教练的强制下进行的，因此有些运动员会对足球训练产生厌恶和恐惧的心理。这就导致有的学生看起来每次都参与了训练，却没有专心听课，还有的学生甚至想尽办法逃避训练，这样的态度导致训练往往是无效的。为了矫正运动员这种厌倦训练的问题，可以从以下两个方面入手。

1. 适度奖励提升技能

教练可利用成功的事例和个人对社会的责任来影响和激励足球运动员，促使足球运动员从客观需求向主观需求转变。此外，还要为足球运动员的学习训练创造良好的环境，要多对运动员的表现进行鼓励和表扬，使其获得成就感，体验学习的喜悦。

2. 理想和目标的形成

教练要引导和帮助足球运动员建立分级目标制，目标从最低开始，鼓励他们提升学习的热情，逐步向自己的理想迈进。

（二）挫折心理及矫正

足球运动员在生活和训练中可能会遇到诸多矛盾，精神状态也会受到不小的影响，从而使其发展呈现出不稳定、起伏大的特点，在遇到挫折时也很容易受到伤害。在这种情况下，足球运动员如果不被教练理解和安慰，往往也会产生严重的后果。因此，无论是家长还是教练，都必须及时关注运动员的挫折心理并进行教育，帮助运动员克服挫折感。

1. 家庭教育

在家庭教育方面，一般原则应是硬性要求与家庭民主相结合，既对运动员严格要求，也要讲究家庭民主。家庭帮助运动员树立世界观、人生观和价值观，注重在日常生活中养成运动员良好的习惯，增强运动员大脑的主动性和思考能力，不断磨炼运动员的意志。

在家庭教育中，一方面，父母要成为孩子的朋友，成为他们心理矛盾的倾听者和疏导者。另一方面，由于大学足球运动员的情绪不平衡和自我意识不稳定，家长也应用爱和亲情来安慰他们，让他们获得心理上的安全感，克服赛场上的挫折感。同时，家长应及时、系统地为足球运动员提供独立锻炼自己的机会，使他们适当地尝试错误，在面对挫折时能够自己想办法解决小困难，提高他们抵御挫折、恢复积极状态的能力。

2. 团队教育

在团队教育方面，校园足球队作为高校足球运动员长期锻炼的群体，应该是足球运动员学生开展挫折教育的重要基地。一般来说，校园球队开展挫折教育可按以下方式进行。

（1）加强生活教育和生活管理。加强世界观教育，帮助高校足球运动员正确认识社会生活，妥善应对理想与现实的矛盾和冲突，从而正确应对成长过程中的困难与挫折。同时，加强对校园足球运动员日常生活的管理，丰富他们的娱乐文化生活，促进运动员身心健康发展。

（2）开展不同形式的挫折教育活动。可以举办挫折教育课程和讲座，让校园足球运动员系统地了解挫折形成的原因、挫折外在表现、挫折防御机制、缓解挫折感等基础知识，增强他们的挫折意识、自信心以及沉稳应对挫折的能力。还应专门组织校园足球运动员参加各种社会实践活动，引导校园足球运动员正确面对生活中的挫折，培养他们独立解决实际问题的能力。

3. 创设情境

为足球运动员创造一定的挫折情境，培养运动员的上进心、自我发展动力、坚定的信念以及勤奋刻苦的精神，这对校园足球运动员在学习生活中克服困难、克服挫折具有重要意义。具体可采用以下四种方式。

（1）利用榜样力量。校园足球队必须以丰富多样的形式宣传爱国主义，引导学生向国内外优秀的顶级足球运动员学习，通过榜样的力量帮助足球运动员增强克服挫折的能力。

（2）利用影视作品开展挫折教育。优秀的电影可以教育一代人甚至几代人，因此，影视艺术也是帮助学生克服挫折的有效手段。

（3）创设困境，锻炼意志。带领足球运动员不定期参加如军事训练、徒步旅行、野外生存训练等可以磨炼足球运动员意志品质的活动，通过亲身体验，可以更好地帮助运动员形成良好的心理技能。当然，这种训练的内容和环节必须建立在学生最近发展区内，要符合学生的身心发展规律特点，不能盲目增加难度，避免运动员因身体不适或其他原因而产生挫败感，从而使学生的自信心受到打击。

（4）提供心理辅导及服务。校园足球运动员不管在生活、学习还是在社会关系中，都难免会遇到一些问题和挫折，从而使其产生心理焦虑和抑郁。对此，教师可以让运动员适当的独立处理一些事情，使其经历通过自己的努力独立克服困难的过程，让他们学会从心理压力中解脱出来。

建立心理辅导及服务制度，针对校园足球运动员进行心理辅导，使他们分析自身智力和个性特点，即便是生活中存在问题与困难，也可以通过心理咨询和辅导，使其心理压力得到减轻和释放。

（三）猜疑心理及矫正

通常表现为过分敏感，往往错误地将他人无意甚至是友好的行为，理解为有意或恶意，部分足球运动员会在思想行为中表现为固执和反感。足球运动员产生怀疑感的原因与他们的生活状况密切相关，如遭遇家庭遗弃、虐待、暴力、忽视、乌托邦式训练中正确批评不足等等。猜疑心理会使足球运动员对他人产生毫无根据的怀疑和无端的自嘲，对足球运动员会造成很大的伤害。猜疑心理可参考如下方式加以纠正。

1. 不断提醒自己不要陷入一个人"敌对心理"的深渊

当足球运动员受到教练或队员较为大声的批评时，要明白教练或队员只是暂时情绪不佳，而不必与他们对立。

2. 懂得尊重他人

尊重是相互的，只有懂得尊重他人，才能得到他人的尊重。

3. 与他人的交流必须积极主动

运动员之间应该互相帮助，特别是当别人遇到困难时，要让足球运动员感受到和队友之间的信任和友谊。

（四）嫉妒心理及矫正

由于发现自己的能力、名声、地位、外表等方面都比别人差，没能获得更多的赞扬、成就等，因此而产生一种由羞耻、愤怒、恶意等组成的复杂情绪状态，这就是嫉妒。嫉妒有一种明显的发展性的特质，如果不及时阻止，就可能会进一步发展，甚至变得疯狂，主动攻击其他球员，最终造成无可挽回的局面。嫉妒可通过以下方式进行矫正。

1. 认识嫉妒的危险

嫉妒是不健康的，它不仅伤害他人，也会伤害到自己。足球运动员必须意识到嫉妒的消极影响。

2. 对自己有客观的看法

足球运动员要意识到，在社会生活中，由于各种因素的影响，人与人之间存在着不小的差异，足球运动员必须对自己的实际情况有一个正确的认知，发现与他人的差距，正确认识自己的不足，并对自己的内在潜力进行深入发掘。

3. 克服自己狭隘的意图

狭隘意图的产生与个人的思想、道德水平、文化素质、社会经验和性格素质是息息相关的。因此，运动员必须释放自我，放开执念，敞开心灵，克服狭隘的意图，这样才不会徒增烦恼。

4. 重视人际关系

足球运动员由于长期以来都要进行大量的训练活动，因此人与人之间会缺乏一些情感上的交流，从而导致球队内部关系的紧张，球员之间也可能会出现嫉妒的情况。对此，足球运动员必须注意人际关系的处理，避免嫉妒心理的产生。

（五）自卑心理及矫正

自卑也是足球运动员经常遇到的心理问题之一。总的来说，教练员的批评、客观训练成绩较差、队友对自己评价偏低、自我评价低是导致自卑的主要原因。为纠正自卑心理可采取以下措施。

1. 客观评价自己

每个人都有自己的长处和短处，不能因为自己在某些方面的缺点而否定自己的全部。要正确地看待自己的缺点，也要善于发现自己的长处。

2. 与他人合理比较

足球运动员不应该总是把自己的缺点和别人的优点作比较，而应该综合基本情况，客观地做比较，这样才能对自己的实际水平和在群体中的地位有一个正确的认知。

3. 正确分析原因

如果主观目标导致失利，足球运动员可以调整目标；如果因本身的努力或资金不足，亦可做出改善。如果失败确实是由于能力不足造成的，那么可以采取不同的方法来提升自身的能力。简而言之，足球运动员必须面对现实，接纳自己的缺点，并通过不断努力来弥补自身的不足。

4. 适当合理地履行职责

足球运动员必须主动履行自身的职责，并通过各种方式来培养自信心。即使职责分内事情很小，也不要放弃，因为任何一种成功都可以使一个人的自信心得到增强。

第三节 校园足球运动员的营养保健

足球运动是一项非常具有挑战性的项目，足球比赛对球员提出了各种营养保健要求，运动员要基于足球比赛的要求进行一系列不同强度的运动训练。众所周知，在训练和比赛中，高强度的运动会导致高能量周转，运动员体能消耗很大，经历一场激烈的足球比赛以后，体重会减少3～5公斤。人体经过高能量消耗以后又需要摄入足够的营养才能维持健康。充足的营养物质的摄入是确保校园足球运动员能够有良好表现的重要基础，它为运动员在球场上充分发挥实力提供必要的能量支持。

在整个足球比赛过程中，无论短期还是长期的赛事，赛前训练都需要有充足的营养补充。足球作为一种随机、非周期性和间歇性的有氧运动，其间穿插着大量高强度的运动。比赛的总时间通常为 90 分钟，这意味着比赛期间的主要能量来源（约 90%）主要是通过有氧糖酵解提供的。然而，高强度间歇比赛需要使用厌氧系统的支持。低强度和高强度运动的距离比例估计约为 5 ∶ 2，或基于时间约 7 ∶ 1。因此，运动员必须具备足够的有氧和无氧能力，这样才能在这种间歇性、重复性的高强度训练中有好的表现。

尽管足球运动在全球范围内都大受欢迎，却很少有人去专门研究和调查摄入营养对足球运动表现的影响，从而意识到在一场标准足球比赛期间摄入恰当的营养是有多么的重要。因而也导致足球运动员、教练员、体育科学家、营养学家等相关管理人员缺乏具体的营养指南。

因此，本节的主要目的是为校园内的球员和校园足球运动的利益相关者提供一个明确的指示，即在足球运动中，营养保健将会影响球员的赛场发挥。另外还赋予他们一系列适当的路径和策略，从而使足球训练和比赛中的球员们的身体素质水平能够得到提升。

一、营养保健的基本要求

（一）能量保障

能量是人类生存、生活、工作与运动发展的重要前提。人体与外环境不断进行物质交换和能量交换均需消耗大量能量。这些消耗的热能主要由食物中的碳水化合物、脂肪和蛋白质所提供。

1. 运动员的能量消耗

运动员的能量消耗主要用于维持基础代谢、满足食物特殊动力作用、训练和比赛三个方面。

（1）维持基础代谢的能量消耗。基础代谢是指维持人体基本生命活动的热量，即在无任何体力活动及紧张思维活动、全身肌肉松弛和消化系统处于静止状态的情况下，用来维持体温、心跳、呼吸、细胞内外液中电解质浓度差及蛋白质等大分子合成的热量消耗。健康成人的基础代谢率为每平方米体表面积每小时消耗约 160 千焦耳。

（2）满足食物特殊动力作用的能量消耗。食物特殊动力作用是指摄食后额外增加的热量消耗。成人摄入一般的混合膳食时，由于食物的特殊动力作用而额外增加热能消耗，每日约 600 千焦耳，相当于基础代谢的10%。

（3）训练和比赛的能量消耗。运动时热能消耗取决于运动强度、密度和训练的总时间。足球运动由于对抗激烈、运动量大、比赛时间长、训练时间长而消耗大量热能，训练和比赛的能量消耗占运动员一日总消耗量的40%左右。

足球运动员总能量消耗为以上三个方面总和。运动员从食物中摄取的热量应与此平衡，即摄入的热量＝消耗的热量。

2. 热量供给不均衡时对运动员的影响

通常情况下，运动员摄入的能量等于消耗的能量，两者之间保持平衡。但是当摄入的能量大于消耗的能量时，身体体内剩余能量未得到消耗，就会造成人体体重的增加，从而影响人的身体健康和足球训练的效果。

当摄入的能量小于消耗的能量时，身体体内储存能量低于消耗的能量，往往会增加人的疲惫感，导致人体体重的降低，甚至有可能会因过度疲劳而造成运动伤害。

（二）摄入的能量比例适当

由上述内容可知，足球运动员的膳食摄入量必须合理配置，通常情况下，蛋白质、脂肪和糖的比例按重量计以 1 ： 0.8 ： 4 为宜。

1. 蛋白质

蛋白质的主要功能不是供能，而是调节各种生理活动及构成身体成分。蛋白质中的氨基酸构成调节新陈代谢和其他身体功能的激素和酶的基石。蛋白质在参与大量足球训练的适应过程中也发挥着关键作用，蛋白质具有修复身体各部分组织机能的功能。在足球运动中，运动员身体内部会不断进行蛋白质的分解与修复，这一过程是蛋白质帮助身体加速适应运动带来的各种刺激。

此外，尽管氨基酸及其他营养成分能够很好地对身体机能进行调节，但如果一场足球比赛进入了白热化阶段，氛围既紧张又激烈，运动员身体的各个部分机能都会不断调整，氨基酸的代谢也会成为重要的能量来源。事实上，越来越多的运动员及教练员注意到了这一点，在最近的一项研究中发现，人在足球比赛后 48 小时需要大量摄入富含乳清蛋白和蛋白质的食物。① 不过，蛋白质摄入过多也会对人体产生不良影响，因为蛋白质代谢时耗氧多，因此会增加肝脏和肾脏的负担。

从我国运动队的饮食情况来看，只要摄入的能量足以维持机体活动，正常膳食的蛋白质量对运动员是足够的。在训练周期中，初期适当提高蛋白质摄入量，对维持肌肉质量以及肌红蛋白、酶量和红细胞的生长具有重要作用，校园足球运动员也应按照运动员营养餐的标准摄入每日蛋白，从而满足其运动所需消耗。

2. 脂肪

脂肪是膳食中浓缩的能源，发热量很高，是食物中供能量最多的营养素，比等量蛋白质和糖类产生的热量高一倍多。

---

① 罗建华.青少年足球运动中常见运动营养问题与对策 [J].中国学校体育,2017(8)：60.

食用油脂是脂溶性维生素的重要来源之一，同时能促进脂溶性维生素的吸收，延迟胃的排空，增加饱腹感。

足球运动强度相对较大，一次训练后心率可达到 120～160 次 / 分，最高可达到 180 次 / 分。机体在短时间内得不到充足的氧，脂肪不能得到有效分解，所以脂肪不是足球运动员主要的能量来源。而且脂肪的摄入量过高，会使身体发胖，尤其会因氧化不全而产生过量的酮体，故脂肪的摄入量不宜过高，以适当为宜。

3. 糖

糖具有易消化、吸收，易分解，转能快，氧化时耗氧少，可在有氧和无氧的情况下分解产能，满足机体的需要，终产物为二氧化碳和水，易排泄，对身体内环境影响少等特点。膳食中糖供热所占比例大于其他两种营养素，饮食结构中，最佳摄入量应占总营养量的 60%～70%。

从足球运动的特点分析，足球运动多是在快速、对抗情况下完成动作的，运动强度很大，必须持续实现有氧供能和非乳酸无氧供能。因此，足球运动的供能以糖为主。经研究证明，训练时间超过两小时的足球运动员，血糖浓度会明显降低。

（三）充足的维生素、无机盐与微量元素

维生素具有多种不同的种类，按其溶解性分为脂溶性和水溶性两大类，维生素不是人体合成的物质，而是天然存在于食物当中的，各种不同的维生素有着各自的特殊功能，是人体进行正常生物化学过程中必需的化合物。维生素的缺乏常常附有劳动效率下降、对疾病抵抗力降低等表现。

运动过程中组织代谢增强，组织更新增加，维生素利用率增加，同时训练引起线粒体、酶和功能性蛋白质数量增加，维生素需要量也随之增加。适当增加维生素摄入量有助于运动能力的增强。一般认为在维生素饱和与排泄及吸收平衡前，适当补充水溶性维生素有促进机体运动能力的作用，但是维生素使用过度对身体健康会产生不利影响。

无机盐与其他有机营养素不同，不能在体内生成，也不能在体内代谢中消失（除排出体外）。但是无机盐往往是不可少的营养素，无机盐的功能主要有以下方面。

（1）构成人体组织的重要成分。

（2）在细胞内外液中与蛋白质一起调节细胞膜的通透性、控制水分、维持正常的渗透压和酸碱平衡、维持神经肌肉兴奋性。

（3）构成酶的辅基、激素、维生素、蛋白质和核酸的成分，或参与酶系的激活，而且必须通过膳食补充。

二、膳食营养要素

运动员的膳食营养主要由糖、蛋白质、脂肪、维生素、水、无机盐、食物纤维七大营养素组成。

（一）碳水化合物——糖类

作为一种基础营养素，糖的来源主要由植物性食品来提供。其中食物中的糖类多以多糖的形式为主，而单糖、低聚糖含量较少，且多存在于水果、牛奶、蜂蜜、糖（白糖、红糖）等食物当中。

糖对运动员来说是非常重要的。食用时在我们日常膳食中食人的糖是多种多样的，有单糖、低聚糖、淀粉。这些糖由于成分不同，其消化和吸收的速率就不同，食物的这种特性可用糖血指数（GI）来表示。在补糖时应根据 GI 来选择食品。如支链淀粉的 GI 比直链淀粉高，土豆粉支链淀粉约占 80%，豆类淀粉全是直链淀粉，故同样吃淀粉，补糖的效果却不同。

（二）蛋白质

1. 饮食来源

蛋白质主要来源于肉类、奶类、蛋类、干豆类、硬果类、谷类等。其中肉类的蛋白质含量为 10%～30%；奶类为 15%～3.8%；蛋类为 11%～14%：干豆类为 20%～49.8%，是植物性食物中含量较高的。

一般来说，动物蛋白质的氨基酸构成比植物的更加平衡。如鸡蛋、牛奶、奶酪、酸奶、鸡肉和鱼等。由于一些富含蛋白质的食物脂肪含量也很高，运动员需要选择瘦肉、低脂牛奶和奶制品，同时确保食物中存在的脂肪含量最少。出于这方面考虑，鱼类被认为是动物来源蛋白质的最佳选择。其他蛋白质摄入的选择中的蔬菜来源，主要包括早餐麦片、豆浆、坚果、种子、豆腐、豆类和小扁豆等。

2. 蛋白质的供给量

蛋白质在机体的储存甚微，每天必需供给一定量的蛋白质才能满足机体需要。

3. 蛋白质营养失调对人体的影响如表 6-1 所示

表 6-1　蛋白质营养失调对人体的主要影响

蛋白质营养失调对人体的主要影响	
情况	影响
蛋白质供给不足	蛋白质更新愈快的组织愈易受到影响
	肠黏膜及分泌消化液的腺体首先受累，引起消化不良，导致腹泻、失水、失盐
	肝脏受累，脂肪浸润，不能合成血浆蛋白，从而血浆蛋白含量下降，最后导致水肿
	骨骼肌不能维持正常结构，肌肉萎缩

续　表

蛋白质营养失调对人体的主要影响	
情况	影响
蛋白质供给过剩	肝、肾负担增加，人体容易疲劳
	脱水、脱钙、痛风
	伴有高脂肪摄入，可引起脂代谢紊乱
	若是以单一氨基酸的形式补充蛋白质，还可能引起蛋白质代谢失调，血氨升高

（三）食用油脂类

组成我们人体细胞的细胞膜的主要成分是不饱和脂肪酸。而不饱和脂肪酸在人体内不能合成，必须依靠食物来提供。另外，机体所需的脂溶性维生素必须溶解在脂肪酸中才能被人体所吸收，而这些脂溶性维生素在机体中具有非常重要的作用。

1. 脂肪的种类

通常所说的膳食脂肪主要由三种脂类构成：甘油三酯、复合脂及类脂。

（1）脂肪（甘油三酯）。包括动物性和植物性两大类油脂，如猪油、牛羊油、鱼肝油、奶油、鸡油、豆油、花生油、菜油、麻油、茶油等。在人体饥饿时，这类脂肪被人体分解，提供能量。

（2）复合脂。复合脂主要包括卵磷脂、糖脂和脂蛋白。

（3）类脂主要是指在结构上或性质上与油脂相似的天然化合物，它们在动植物界中分布较广。类脂包括磷脂和固醇等，蛋黄、植物种子、胚芽及大豆中都含有丰富的磷脂。

2. 过量脂肪的副作用

过多的脂肪摄入对运动能力危害表现如下。

（1）过多的脂肪会造成热能过剩，从而导致体重的增加，而增加的体重和体脂会影响运动能力。

（2）过多的脂肪在体内的代谢会加剧肝肾的负担。脂肪代谢中能产生酸性产物，使体液酸化，从而易导致运动疲劳过早发生。

（3）过多的脂肪会使肠道内铁和蛋白质的吸收降低。

（四）维生素——蔬菜、水果

蔬菜和水果主要为人体提供维生素、矿物质和食物纤维，其中也会含有一定量的糖。在膳食中，蔬菜和水果类食物可以适当多吃一些，但摄入过多也会影响主食的摄入量。应注意的是，由于一些蔬菜和水果可以抑制铁吸收。因此，吃蔬菜和水果时应避免与补铁营养剂同服，否则会干预补铁营养液发挥效果。

维生素主要分为两大类：脂溶性维生素（A，D，E，K）和水溶性维生素（维生素C、维生素B族）。脂溶性维生素在体内排泄效率不高，摄入过高可在机体内蓄积以致产生有害影响（中毒）；水溶性维生素均自尿中排泄出，体内不会多储存。

（五）膳食纤维

膳食纤维指存在于食物中的不能被人体消化吸收的多糖类化合物的总称。主要膳食纤维包括纤维素、半纤维素、木质素和果胶等。

膳食纤维的主要作用包括以下几个方面。

（1）增强肠蠕动，利于粪便排出。

（2）具有吸水膨胀功能，增加粪便体积，从而稀释肠道内有害物质的浓度及降低其吸收。

（3）控制体重及降低血糖、血胆固醇等保健功能。

（4）预防结肠癌发生。

三、当前营养保健管理上存在的问题

由于缺乏运动营养学知识的指导，加上膳食管理观念、营养学观念陈旧，我国校园足球运动队膳食管理和工作人员在营养保健工作中存在以下问题有待解决。

（一）烹饪管理工作存在的主要问题

（1）过多地使用烹调用油。

（2）没有生吃的蔬菜，导致膳食纤维摄入不足。

（3）过多使用的猪肉使膳食中脂肪含量居高不下。

（4）对食物相克了解不够。

（二）营养保健不合理的主要问题

（1）碳水化合物（糖）摄入严重不足。

（2）脂肪和蛋白质摄入过多。

（3）部分维生素摄入不足。

（4）运动中忽视了水和无机盐的及时补充。

（5）精制食品过多。

运动与营养是增强身体素质与健康水平的两大重要因素。这些年来校园足球队膳食管理和工作人员虽然越来越重视营养保健的重要性。但是由于烹饪管理工作未受到运动营养学知识的指导；相关工作人员未能及时更新知识观念，最终导致营养保健工作出现了诸多问题。

四、对营养保健管理工作的建议

（一）宏观调控建议

足球是一项接触性运动，球员需要进行持续高强度的活动。在现代

足球竞争格局中，每一个球员和球队都要想尽办法在赛场上占据比赛的优势。虽然艰苦的训练和合理的战术是至关重要的，但是完善的营养计划也有着非常重要的作用，人体营养的合理补充可以满足人体总能量消耗，优化能量储存，减少疲劳，充分的水分，促进快速恢复，以及实现和保持最佳的体重和身体状况，从而在竞争中占据优势地位。

　　学校应为球员和其他辅助人员提供全方位的支持，包括在没有专门的营养部门的情况下，招募在该领域拥有专业知识的人员。如果运动员了解一些相关营养知识，如应该吃什么、什么时候吃最好等，那么他们就有可能在日常生活中践行，这对运动员体质的健康发展大有益处。另外，也可以开展一些相关的营养知识教育活动，从而在团队内部逐渐提高运动员及相关管理者对营养保健的重视程度和健康的饮食文化。要想实现这一点可以从两方面入手，一方面，要尽快提高运动员膳食管理者的知识水平和管理水平。另一方面，按照足球运动员膳食营养的需要，对校园运动员食堂进行改进，为足球运动员提供合理的饮食安排。具体操作如下。

　　（1）充分利用现有的最新开发的膳食营养调查软件，对足球运动员进行定期的膳食调查。

　　（2）足球运动员的食谱和食物烹调方式应增加奶制品、豆制品和蔬菜水果的比例。

　　（3）加强早餐的品种配给，减少黄油等高脂肪的摄入，保证足球运动员能够吃到一个营养素齐全的早餐。

　　（4）加强对足球运动员的运动营养知识教育。

　　第一，坚持做到四多：主食、蔬菜、水果、奶制品（或豆制品）多。

　　第二，坚持三少原则：油脂、肉类、油炸食品少。

　　（5）厨师、运动员、教练员应了解哪些食物不能同食。

（二）最终目的

　　（1）自由摄入碳水化合物（淀粉和多糖），达到占膳食总热能的

55%～65%，有时甚至达到 70% 及以上。

（2）适量地摄入蛋白质（占膳食总热能 12%～15%）。

（3）控制脂肪的摄入量（占膳食总热能 25%～30%），特别要控制饱和脂肪酸的摄入，如黄油，人造黄油，动物脂肪，内脏器官等。

（4）提倡蔬菜和水果尽量生吃，增加维生素和食物纤维的摄入。

（5）养成良好的饮食习惯，注重早餐和午餐的质量和数量，有条件的最好在训练中进行一次加餐。

（6）了解和掌握食物相克的知识，避免在进食中大量浪费食物中的营养素。

第四节　运动疲劳与恢复

足球运动中的疲劳被定义为身体机能维持肌肉工作能力下降，表现为通常在比赛快结束时球场上奔跑速度的降低。随着运动强度的增加或持续时间的延长，就可能使运动员产生疲劳感。在高水平的训练和比赛中，球员都会产生明显的运动疲劳感，这确实是影响足球比赛中优秀表现的主要限制因素之一，因此本节就运动疲劳和恢复进行深入探讨。

一、校园足球运动疲劳的产生原因

（一）校园足球运动疲劳概述

运动疲劳是一种正常的生理反应，是在运动员身体的能量耗尽、代谢产物积累等原因的影响下而产生疲惫、乏力的现象。足球运动不可避免地会引起一定的运动疲劳，这种疲劳本身对身体无害，其本质就是身体经过长时间的运动后出现的运动能力、身体功能等暂时消退、减缓的现象。

考虑到大多数足球运动员都屈服于疲劳，因此更全面地了解影响比赛临近结束时疲劳开始的潜在机制可以说是至关重要的。造成运动员疲劳的有很多，涉及中枢和外周作用的各种机制，足球比赛期间疲劳的主要机制之一是肝糖和肌糖原的消耗。事实上，活动肌肉中乳酸的升高最初被认为是导致比赛中高强度阶段表现暂时下降的原因。其他导致疲劳的生理因素包括代谢性酸中毒的增加、血糖降低、脱水、磷酸肌酸耗尽和肌内 ATP 可用性降低。然而，多年来观察到的导致疲劳的最直接的因素是肌糖源耗竭，专家们首先对运动前低水平的糖原进行了研究，他们发现运动开始时可获得的糖原越少，运动员越早精疲力尽。

哈格里夫斯认为，足球运动对人体肝脏和肌肉中的糖原储备有很大的需求。随着比赛的进行，糖原储备量必然有所下降，下降的速度会受一系列因素的影响，包括但不仅限于竞争水平、球员的健康水平以及比赛的持续时间和强度。此外，导致肌肉耗竭的另一个重要原因可能是偏心肌收缩，这种肌肉运动本身已被证明会降低糖原再合成的速度，并导致后续运动中糖原的利用率增加。在足球比赛中，高强度和交替的快、慢跑也是如此，因为持续重复这种模式往往会降低肌糖原浓度，从而影响运动员的表现，这种情况往往在比赛结束时出现。

在对身体疲劳的研究中，生理学家们认识到身体疲劳是一个复杂的生理过程，在这个过程中，除去营养因素，身体的中枢神经系统的作用是至关重要的。在中枢神经系统和周围组织的相互作用下，神经系统、感觉系统、运动系统、内分泌系统和内脏的活动会发生复杂而相互关联的变化。

疲劳可以被定义为尽管需要继续比赛，但运动员表现下降，表现为比赛快结束时的效率和能力的降低。研究人员倾向于经常讨论两种类型的疲劳：中枢疲劳和肌肉疲劳。前者是动力的丧失并降低激活中枢神经系统，通常可以有意识或无意识地造成低血糖，其中后者是实际的疲劳，发生在肌肉纤维产生的 ATP 耗竭和乳酸的积累。中枢疲劳和肌肉疲劳对应运动员两个疲劳阶段。

当运动员出现运动疲劳时，通常会经历两个阶段：补偿疲劳阶段和非代偿性疲劳阶段。处于补偿疲劳阶段的运动员可以通过激活中枢神经系统和激活身体其他系统来改善疲惫。在这个阶段里，运动员相比起产生疲惫之前会消耗更多的能量，每个动作结构也会相应地发生改变。

（二）校园足球运动疲劳产生的原因

引起身体运动疲劳的原因有很多。导致足球运动员疲劳的直接原因有以下几点。

1. 机体能量消耗

体育运动中能量的消耗是对运动员体内能量的大量消耗，这些运动员得不到及时的补充。在中等强度和长时间的足球运动中无法及时摄入大量的糖原，这是导致运动员血糖含量下降的主要原因。

2. 体育能力和身体素质的变化

人的运动能力和身体素质主要取决于身体器官和系统的功能。身体的素质本身反映了人体不同器官和系统在肌肉工作中的状态，如果人体器官的功能降低，那么它们的活动能力和身体素质就会受到直接影响。

3. 代谢产物积累

在足球运动中，运动员会产生很多的新陈代谢产物，包括对人体运动能力影响最大的乳酸，这些新陈代谢产物在体内积聚量多，不能及时消除，会对运动员体内正常的新陈代谢产生很大的影响，从而降低他的运动能力。

4. 精神意志要素

在足球运动中，当身体的疲劳达到一定程度时，运动员往往会经历与身体的客观疲劳相对应的主观疲劳。在体育运动中，人体器官和系统的活动是在神经系统的指导下进行的，由于神经细胞的抑制，人体的疲劳会加剧。事实上在很多时候，当一个人感到疲倦时，并不意味着他的能量已经完全耗尽，其实他的身体还有很大的潜力，只要运动员保持着良好的情感意志，仍然可以有效地刺激体内的运动潜力，从而延缓运动疲劳的出现。

二、校园足球运动疲劳的分类

校园足球的运动疲劳主要是在两个维度下进行分类，主要可分为六种疲劳类型，如表 6-2 所示。

表 6-2　校园足球的运动疲劳分类

校园足球的运动疲劳分类	
分类依据	类型
疲劳发生性质	生理性疲劳
	心理性疲劳
	病理性疲劳
生理学和心理学特点	脑力性疲劳
	感觉性疲劳
	情绪性疲劳

（一）根据疲劳发生性质分类

1. 生理性疲劳

生理性疲劳是指身体在运动过程中进行过多的体力活动，暂时降低身体的运动能力的现象。肌肉力量下降、肌肉疼痛、肌肉和关节僵化等症状是生理性疲劳最常见的表现。

2. 心理性疲劳

心理性疲劳是由于身体在日常生活、工作和运动中过度劳累或者是过度神经紧张、思想压力等导致的身体神经能量消耗增加，导致神经系统工作能力暂时下降。

当发生心理性疲劳时，运动员会出现心不在焉、记忆障碍、理解困难、逻辑混乱、智力迟钝等现象。行为改变表现为动作迟缓、迟钝、协调能力下降、失眠、烦躁不安等。

3. 病理性疲劳

病理性疲劳是最严重的疲劳形式之一，还叫作过度疲劳。病理性疲劳是指机体在日常生活、工作或运动中进行长期刺激强度过大、时间过长、节奏过单调的体力或脑力等活动，并导致机体和神经系统功能紊乱、器官组织病改变、思维和活动能力下降的现象。

（二）根据疲劳发生的生理学和心理学特点分类

1. 脑力性疲劳

脑力性疲劳是机体大脑工作能力下降的一种现象，是因为神经过于紧张，脑细胞兴奋过度，导致能量消耗增加，大脑思维工作能力暂时下降的现象。

2. 感觉性疲劳

在日常生活、工作或身心活动中会出现紧张度和灵敏度的变化，如比赛之前紧张度增加或身体灵敏度暂时降低，这种情况被称为感觉性疲劳。

3. 情绪性疲劳

在日常生活、工作或运动等活动中，由于精神和身体负担大、智力压力大、情绪紧张等情况而消耗能量，导致身体情绪状态暂时下降，可以称为情绪性疲劳。

三、校园足球运动疲劳的评定

在校园的足球训练中，判断运动员是否运动疲劳的主要手段有：主观感觉、简易客观指标及运动中的经验指标。

（一）主观感觉

由于在足球训练中不可能对运动员的身体状况进行持续的专业控制和即时检查，因此运动员的自我感知具有特别重要的意义，这是他是否疲劳的一个重要评定标志。

因此，运动员在日常训练中掌握一些主观的疲劳评估方法变得尤为重要。当一名运动员在运动过程中或者是日常生活中发现身体出现以下几点时，很可能已经产生运动疲劳。

（1）出现精神不振、厌烦运动的情绪。

（2）机体下肢肌肉出现酸沉感，动作迟缓。

（3）食欲不佳，食量减少。

（4）出现失眠、睡眠差、难以入睡等情况。

（5）进行同等运动负荷训练时，排汗量明显增多。

（二）客观指标

1. 骨骼肌指标

肌肉力量：肌肉力量是检测学生在足球运动中是否产生运动疲劳的

重要指标，通常会基于肌肉的绝对力量来观察运动前后肌肉力量的变化。在评定足球运动产生的疲劳时，可以根据运动员的下肢大腿来确定测试内容，例如进行深蹲力量测试等。

肌肉硬度：通常在肌肉产生疲劳时，除了肌肉的收缩机能会下降外，其放松能力也会下降，肌肉在不能得到充分放松时，其肌肉的硬度会增加。因此当肌肉的硬度较高时，肌肉处于疲劳状态。

2. 心血管系统指标

运用心率的评定方法来了解、控制运动量的大小。一般用基础心率、运动中心率、恢复期心率对疲劳进行判断，也称为心率恢复评定法。

（1）用训练结束后5分钟时的心率来评定。训练结束5～10分钟后立即测脉搏，与安静心率比较：高出安静心率6～9次/分以上，说明运动量过大；高出2～5次/分，说明运动量适度；基本恢复安静心率状态，则说明运动量偏小。

（2）用晨脉来评定。运动员每次训练完以后，次日早晨醒后静躺1～3分钟。自测脉搏，并与安静心率比较：高出安静心率6～9次/分以上，说明运动量过大；高出2～5次/分，说明运动量适度；基本恢复安静心率，则说明运动量偏小。

四、校园足球运动疲劳的延缓

在足球运动教学训练时，老师必须教学生如何在运动训练中减缓运动疲劳。为了取得更好的效果，必须结合不同的方法。下面介绍一些常用的缓解运动疲劳的方法。

1. 坚持锻炼

减缓身体疲劳最简单的方法就是坚持运动，定期参加运动，提高自己的身体素质，并很好地适应不同的强度，这将有助于推迟疲劳发生在运动过程中的时间。

2. 合理安排教学训练内容

在足球运动训练中，教练应认真合理地规划训练内容，制订科学的训练计划，切实避免运动员因体力消耗过快和学生体能过早下降而出现疲劳。教师可以在常规教学中对运动内容做出替代选择，合理地改善身体各部位的活动负荷，从而有效减缓学生运动疲劳的发生。

3. 发展与足球项目相适应的供能能力

由于各种运动项目供能特点的不同，使其练习方法上也出现较大差异，例如短跑的主要供能系统是 ATP-CP 系统（磷酸原系统），中跑主要是乳酸能系统，长跑主要是有氧代谢系统等。在足球运动训练中如能了解不同功能系统的特点，着重发展足球运动供能系统的能力，就会对足球运动训练中疲劳的产生起到很好的延缓作用。

4. 加强心理训练

在校园足球运动中，加强学生的意志力锻炼，提高学生的心理素质，有效改善学生的心理状态，既可以防止学生产生心理疲劳，又能有效地延缓学生在生理上运动疲劳的出现。

五、校园足球运动疲劳的消除

（一）改善代谢法

改善代谢法可以有效地促进足球运动中肌肉疲劳的恢复，通过运用整理活动、水浴、蒸汽浴、理疗、按摩等方法，对肌肉进行放松，改善肌肉血液循环，可以有效地使运动产生的代谢物加速排出。

1. 整理活动

整理活动是消除运动疲劳最简单易行的方法，并且还具有良好的效果。它一般是在运动训练结束后进行。

肌肉、韧带拉伸练习：此方法对减轻肌肉酸痛和僵硬，促进肌肉中乳酸的清除具有良好的效果，拉伸主要针对足球运动中主要的活动肌肉和韧带，常采用静力性拉伸的方式。

2. 温水浴

水温以 40 摄氏度左右为宜，温度不宜过高，时间为 10 分钟左右，勿超过 20 分钟，以免加重学生的疲劳感，也可在训练结束半小时后进行冷水浴和热水浴，冷水和热水的水温应分别控制在 15 摄氏度和 40 摄氏度为宜，冷浴 1 分钟，热浴 2 分钟，交替三次。

3. 桑拿

高温干燥的环境，会促进血液加速循环，使身体大量排汗，体内新陈代谢加速，从而使人体体内的废物及时排出体外。但是注意不要在运动结束后立即进行，这会导致身体脱水和疲劳。

4. 按摩

按摩是消除疲劳的一种很好的方法。它可以有效地放松肌肉，改善局部血液循环，增加关节活动度，促进代谢产物的排出。

（二）理疗

用红外线、生物频谱仪、TDP 灯、生物信息治疗仪等可消除运动后的疲劳。理疗可以促进血液循环，改善血液供应，有利于营养物质的吸收和代谢产物的排泄，从而达到消除疲劳的目的。

（三）吸氧及空气负离子疗法

吸氧促进新陈代谢，改善体内微循环，有助于消除疲劳。对于那些参与足球运动锻炼的人，锻炼后可以接受高压氧治疗。这对缓解疲劳有很积极的影响。

空气负离子可以改善肺的气体交换功能，增加氧气吸收量和二氧化碳排放量，改善大脑功能，刺激血液生成，增加红细胞、血红蛋白和血小板，加速血液流动，加大心搏输出量，扩张毛细血管，加速乳酸代谢，因此有助于消除疲劳。

（四）神经系统调节法

通过调节中枢神经系统和降低交感神经兴奋性来加强机体的合成代谢功能，使机体尽快恢复。具体方法主要有以下几种。

1. 睡眠

良好的睡眠是消除疲劳最直接、最有效、最经济的方法之一。一个人在进入睡眠时，大脑皮层的兴奋度会降到最低，机体的合成代谢也会最旺盛，这十分有利于体内能量的积累。

2. 放松练习

通过诱导性的语言使球员由意念来调动肢体，通过对高级中枢的暗示使肌肉放松，改善呼吸和循环系统，缓解身体疲劳。

3. 自我调节法

（1）冥想。每天睡觉前和醒来后，就像回忆电影剧情一样，回想老师前一天教的动作，思考一下哪些动作是可以完成但是现在还没做好的动作，要怎么做才能成功？其实这个思考的过程就是再次锻炼，第二天在尝试时，训练效果就会变得更好，可见，冥想也可以促进最终的成功。

（2）偷懒策略。如果还没有调整训练安排，而运动员觉得自己的状态暂时不能改变，就可以有意识地适当减少自己的训练次数。有安排的"偷懒"是具有积极性的恢复。

（3）幻想和"自我欺骗"。适当地自我调整，发发牢骚，自我安慰，幻想训练计划可能马上就要变了，这样的幻想可以有效缓解抵触情绪。

第五节　校园足球训练常见伤病与处理

本节为校园足球运动训练中伤病的发生率和流行率提供了一个研究方向，介绍运动训练中的基础知识以及足球运动的伤病预防策略，对是否有必要在青少年足球中开始采取预防伤害的策略问题做出了前瞻性的回答。

一、研究开展的必要性

目前，足球这项运动在世界范围内的受欢迎程度越来越高，已成为世界第一运动。然而，足球是受伤率最高的团体运动项目之一，踢足球有着非常高的受伤风险，欧洲冠军联赛的科学季节性报告给出了具体的相关数据，以下是足球运动员在每 1000 小时的运动时间内的受伤情况统计。

欧洲冠军联赛总受伤发生率为 7.6 例 (训练 4.0/1000 小时，比赛 26.7/1000 小时)。国际足联世界锦标赛和欧足联欧洲杯等职业足球赛事的受伤发生率为 68.7 / 1000 小时。在 2012 年的奥运会足球比赛中，509 名球员受伤 179 次 (35.2%)。此外，职业青少年足球运动员在训练期间的受伤发生率为 3.8/1000 小时，在比赛期间的受伤发生率为 14.2/1000 小时。

业余足球比赛显示的发病率为 80.7/1000 小时，而季节性损伤报告显示的总发病率为 9.6/1000 小时 (训练 3.9/1000 小时，比赛 20.4/1000 小时)。在业余青少年足球中，训练中受伤率为 2.1/1000 小时，比赛中受伤率为 14.2/1000 小时。

根据相关数据统计可知，足球运动员最常见的损伤部位是下肢，其中踝关节和膝关节的损伤比例较高。此外，足球运动员最常见的损伤类型是扭伤、拉伤和挫伤。许多研究者对比赛和训练期间受伤发生率的差异进行了研究，发现运动员比赛期间的受伤发生率要比训练期间的高。青少年足球运动员的发病率要比成年人高。

青少年足球运动员出现运动损伤的原因有多种，如整个赛季紧张的时间安排使其恢复不足、不平衡的动机和心理因素等。因此，对于青少年这个年龄段的运动员的过度使用损伤的预防策略应考虑上述因素，并制定均衡的训练方案。青少年足球运动员正处在生命的脆弱阶段，肌肉骨骼结构的发育以及运动之外的环境因素，都是导致青少年运动员不同的程度损伤的主要原因。因此，成功预防这种过度使用身体造成的伤害，需要在运动与休息之间建立一个平衡点。此外，优秀青少年球员受伤率较高的另一个重要原因是他们通常不太遵守成年人或球队教练的建议。

因此，除了要降低青少年足球运动员的身体负荷和心理负荷以外，还要基于学校和教育的实际需求对日常和季节性的足球日程进行合理安排。需要留出时间进行足球以外的活动，由教练负责协调比赛和足球相关课程安排，处于青少年时期的运动员内心较为敏感、脆弱，因此，一个舒适的家庭环境可以使其保持稳定的情绪，能够有效降低运动员运动受伤的可能性。

足球运动损伤预防的根本基础是对损伤影响因素的详细了解和充分调查。只有深入了解受伤的风险、主要受影响的身体部位以及所调查的足球的损伤的来源和应对机制，才能制定出科学的、结构化的损伤预防策略。

二、校园足球运动损伤的预防

在从事足球运动的高等教育机构中，学生的运动损伤非常频繁，主要原因是学生缺乏安全知识以及自我保护意识。虽然目前国内外的医学治疗水平有了很大提高，但是因运动造成的损伤即使采用最先进的治疗方法，都不能完全治愈，多多少少都会对运动员的运动生涯及其日常生活造成一些影响，因此，运动损伤的预防就显得尤为重要，预防策略主要包含9点内容（见图6-2）。

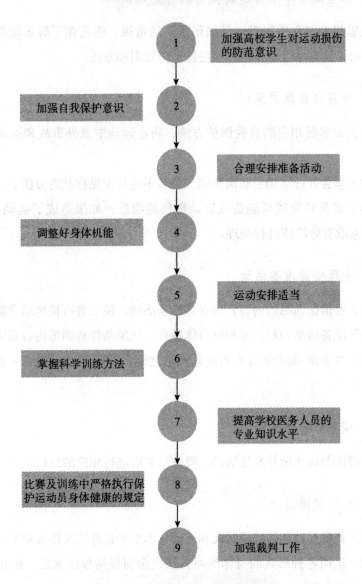

图 6-2 校园足球运动损伤预防策略

1. 加强高校学生对运动损伤的防范意识

从思想上引起学生对运动损伤预防的重视，使其在了解运动损伤原理的同时，认真学习相关的运动损伤预防知识和方法。

2. 加强自我保护意识

（1）要掌握相应的自我保护方法，防止运动中意外事故和运动损伤的发生。

（2）学会处理运动后肌肉酸痛、关节不适等常见症状的方法。

（3）要及时发现可能造成运动损伤的隐患，如果造成了运动损伤，要及时采取有效措施进行处理。

3. 合理安排准备活动

（1）要根据训练的内容合理安排准备活动，使二者有机地结合起来。

（2）准备活动的量，要根据身体特点、气象条件和训练内容而定。

（3）准备活动结束与正式运动开始之间的时间不要过长，一般为3分钟。

4. 调整好身体机能

在锻炼前认真做好准备活动，锻炼结束后进行相应的放松运动。

5. 运动安排适当

（1）要根据自身的健康状况和运动技术水平合理地安排运动量。

（2）运用各种形式的身体练习方法，全面提高身体素质，防止局部肌肉的过度疲劳。

6. 掌握科学训练的方法

在训练过程中，要做到运动训练的全面性、渐进性、个别性、经常性、意识性，这对于运动损伤的预防有着极其重要的意义。

7. 提高学校医务人员的专业知识水平

合理配置治疗设备，及时发现和解决运动员受到的运动损伤，防止出现学生带伤参加训练与比赛的情况。如果是在校足球队或有组织的训练团队，还应建立相应的运动员个人伤病档案，对有骨折等陈旧伤病史的运动员进行定期复查，并提出营养和恢复方案。

8. 比赛及训练中严格执行保护运动员身体健康的规定

（1）要穿好球袜，戴好护腿板、护踝带等，还要重视足球鞋的质量。
（2）杜绝运动员的不良嗜好，如吸烟、酗酒、熬夜等。
（3）赛前要对运动员进行心理调控，要搭配合理的膳食，使其身体能够获得足够的营养补充。

9. 加强裁判工作

严格执行比赛规则，对故意犯规、有意伤人者要从严处理。

三、校园足球运动损伤的处理

校园足球运动损伤主要分为以下十一种（图6-3）。

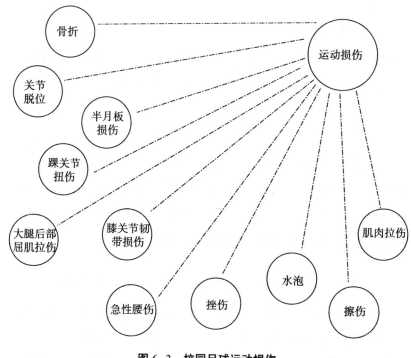

图6-3　校园足球运动损伤

（一）水泡

1. 原因与症状

水泡的产生是由于长时间的运动摩擦导致皮肤下面出现小范围的组织液渗出。出现水泡的原因除了平时锻炼较少以外，还可能是球鞋与脚不贴合、鞋内不平整或运动袜材质太粗糙等。

2. 处理方法

对水泡的处理要以避免感染为原则，不能忍痛贸然撕掉表皮，应使用消毒针刺穿水泡，挤出积液，等患处自然干燥，数日后便会自然好转，在此期间要避免新的摩擦刺激。

（二）擦伤

1. 原因与症状

擦伤在足球运动中非常常见，主要是指肌体表面与粗糙的物体相互摩擦而引起的皮肤表层的损害。它是一种较轻的外伤，主要症状为表皮剥脱、有小出血点和组织液渗出。

2. 处理方法

对于较轻较小的擦伤，可以先用生理盐水或其他药水冲洗伤部，涂抹红药水或紫药水，不需包扎，一周左右便可痊愈。面部擦伤宜涂抹0.1％新洁尔灭溶液。通常较大的擦伤伤口易感染，需用碘酒或酒精在伤口周围消毒，然后用棉球蘸取生理盐水轻轻擦洗伤口以消除异物，消毒后撒上云南白药或纯三七粉。若不发生感染，两周左右即可痊愈。关节周围的擦伤，在清洗、消毒后，最好用磺胺软膏或青霉素软膏等涂敷，否则会影响活动，并且还有可能出现重复破损的情况。

（三）挫伤

1. 原因与症状

挫伤是指在钝器的直接作用下，人体皮肤或皮肤下组织受伤，如运动时因相互冲撞和踢打就会容易造成挫伤。多见于四肢，可伴有功能障碍。

2. 处理方法

单纯性挫伤只需先在局部进行冷敷后再外敷新伤药，然后加压包扎和抬高患肢即可。如果有肌肉、肌腱断裂者，应将肢体包扎固定后送往医院治疗。头部、躯干挫伤休克症状出现者应首先进行抗休克处理方法，保温、止痛、止血，矫正休克后，要立即送往医院治疗。

（四）肌肉拉伤

1. 原因与症状

肌肉拉伤是由于肌肉受到强烈牵拉所引起的肌肉微细损伤、部分撕裂或完全断裂。在足球运动中，大腿后群肌肉和小腿后群肌肉非常容易出现拉伤。拉伤后局部疼痛、压痛、肿胀、肌肉发硬、痉挛并伴有功能障碍。如果肌肉断裂，伤员受伤时多有撕裂感，随之失去控制相应关节的能力，并可在断裂处摸到凹陷，在凹陷附近可摸到异常隆起的肌肉断端。

2. 处理方法

在发生肌肉拉伤时，应立即用冰块或制冷喷剂进行冷敷，再进行加压包扎，并将患肢抬高，放于使受伤肌肉松弛的位置，以减轻痛感。肌纤维轻度拉伤及肌肉痉挛者，用针刺疗法会取得良好的效果。肌肉、肌腱部分撕裂或完全断裂者应在局部加压包扎，患肢固定好后马上送往医院诊治，必要时还需接受手术治疗。通常拉伤48小时后才能开始按摩，但手法一定要轻缓。

（五）急性腰伤

1. 原因与症状

进行高校足球运动训练时，运动员身体重心不稳定或者肌肉收缩不协调，都容易引起腰部扭伤。多数腰伤是因为腰部受力过重或者脊柱运动时超出了正常的生理范围。在受到损伤以后会剧烈疼痛，有时还会瞬间听到"咯咯"的响声，有时也会出现腰部肌肉痉挛和运动受限的状况。

2. 处理方法

让伤者保持平卧的姿势，不应立即搬动。如果疼痛剧烈，应及时用担架抬送到医院进行诊治。处理完毕以后，让伤者卧硬板床或者腰后垫一枕头，使肌肉韧带处于放松状态，也可以用针灸、外敷伤药或者按摩的方法进行治疗。

（六）膝关节韧带损伤

膝关节内、外侧副韧带损伤是膝关节韧带中最常发生的损伤。

1. 原因与症状

内侧副韧带的损伤机制与膝外翻有关。在足球运动员做运球转身技术动作时，因中枢脚及小腿固定，大腿随躯干突然内收内旋，在膝关节处形成了一个扭转力，或来自膝外侧的一个向内侧的冲撞力所致。外侧副韧带损伤发病率远比内侧副韧带损伤低，其受伤机制与膝内翻有关，内侧副韧带不完全断裂的临床表现为膝内侧短暂剧痛，韧带受伤局部有明显的压痛点，常伴有半腱肌和半膜肌痉挛。

2. 处理方法

如果损伤的程度较轻，只需进行局部外敷伤药，内服消肿止痛药即可。在肿痛减轻后，再进行针灸、按摩、理疗等治疗。部分韧带撕裂的患者，早期局部冷敷，加压包扎，抬高患肢，固定膝部，内服止痛药，待48 小时以后可以进行按摩、理疗、外敷或者内服中药。如果患者的韧带确诊为完全断裂，则应尽早手术缝合，术后要积极进行功能性锻炼。

（七）大腿后部屈肌拉伤

1. 原因与症状

在足球运动中，如果大腿肌肉主动收缩或被动拉长到超出其所能承受的范围，就非常容易造成大腿后部屈肌的急性拉伤。造成这种损伤的主要原因有很多，如准备活动不充分、不当地使用猛力、疲劳或负荷过度、技术动作有缺点、气温过低、场地粗糙等等。肌群训练不充分、肌肉弹性和伸展性差、肌力弱是发生损伤的内在因素。肌肉拉伤轻者，可仅有少许肌纤维撕裂或肌膜破裂；重者可造成肌肉大部分或者是完全断裂。

2. 处理方法

肌肉微细损伤或伴有少量肌纤维撕裂者，应迅速对其进行冷敷，局部加压包扎，休息时应抬高患肢。24～48 小时后可开始理疗和按摩，按摩时手法宜轻柔，伤部仅能做些轻推摩，伤部周围可做揉、捏、搓等，同时配合点压穴位（宜取伤周穴位）。如果肌肉发生大部分或完全断裂，在进行局部加压包扎并适当固定患肢后，需要立即送往医院救治。

（八）踝关节扭伤

1. 原因与症状

踝关节扭伤在足球运动中非常常见，轻度的踝关节扭伤大多是出现韧带损伤，严重的会伴随踝关节的骨折。在足球运动中，造成踝关节扭伤的原因有很多，如球员在争顶头球时落地姿势不正确或落地时地面不平，从而导致踝关节内翻或者外翻。主要症状为伤处疼痛、肿胀，韧带损伤处有明显压痛和皮下瘀血。

2. 处理方法

发生踝关节扭伤后应立即用冷水冲洗或冷敷，用绷带固定包扎，并将患肢抬高。24小时内不得按摩、热敷等。24小时后可根据伤情进行外敷、理疗、按摩等治疗。

（九）半月板损伤

半月板在膝关节运动过程中具有非常重要的作用，它位于股骨髁和胫骨平台之间，可以保持膝关节的静力性稳定。在足球运动中，半月板的损伤非常常见，同时也非常严重，因此要对其进行重点关注。

1. 原因与症状

间接外力是造成半月板损伤的主要原因，在膝关节处于弯曲状态时，突然受到外力致使其扭曲，破坏了股骨与胫骨间关节面的正常关系，致使半月板因挤压或牵扯而发生损伤。小腿固定，股骨内外旋或内外翻位，再突然伸直或下蹲的动作在足球运动中非常常见，这样的动作会直接造成半月板的不协调运动，从而导致半月板损伤。半月板受伤时常伴有滑膜、韧带的损伤，痛感会恒定在受伤一侧，但半月板损伤的确诊往往需做进一步的临床检查。

2. 处理方法

半月板损伤现场急救处理方法为：先用氯乙烷进行局部麻醉降温，再用弹力绷带压迫包扎，制动，抬高伤肢，继续用冰袋冷敷。在恢复过程中要动静结合，应在固定完好的前提下进行主动性练习，练习应循序渐进，切忌强制性的被动运动，以免使损伤程度加重。

（十）关节脱位

1. 原因与症状

关节脱位就是在骨连接处关节与关节之间失去了正常的连接。在足球运动中，意外摔倒、两人的激烈碰撞等都会引起运动员的关节脱位，同时，关节脱位往往还会伴有一定的关节囊撕裂、关节周围的软组织破裂等损伤。关节脱位后，受伤关节出现疼痛，有压痛和肿胀，关节功能丧失，受伤的关节丧失活动能力，并出现畸形，还会发生关节内的血肿。如果复位不及时，血肿会机化而发生关节粘连，使关节复位更加困难。

2. 处理方法

应马上用夹板和绷带在形成脱位的姿势下固定伤肢，然后尽快送往医院治疗。肩关节脱位时，可取下角巾两条，分别折成宽带，一条悬挂前臂，另一条绕过伤肢上臂，于肩侧腋下缚结。肘关节脱位时，用铁丝夹板弯成合适的角度，置于肘后，用绷带缠稳，再用小悬臂带挂起前臂，也可直接用大悬臂带包扎固定。

（十一）骨折

1. 原因与症状

在足球运动训练中，由于激烈的身体对抗，加上足球运动防守通常会有腿与腿的碰撞，所以经常会造成腿部骨折的损伤。骨折发生后的症状一般都比较严重，主要表现为局部疼痛、肿胀、皮下瘀血、功能丧失、出现畸形及假关节的异常活动，并有明显的压痛和阵痛等。程度较轻的骨折大多无全身症状，但严重的骨折常常伴有出血和神经损伤，因而容易发生休克、发热、口渴等全身症状。

2. 处理方法

（1）在发生骨折损伤后，最好先不要移动伤肢，待固定好后才能移动。这样可以限制骨折断端的活动，减轻伤员的痛苦和伤情。对于大腿、小腿和脊柱的骨折应就地固定。

（2）如果出现开放性的骨折损伤，应首先对伤员进行止血，通常可采用止血带法和压迫法。用消毒巾或者纱布包扎后，及时送医院治疗。对于暴露在伤口外的骨折断端不要放回伤口内，以免引起感染，也不可任意去除。

（3）当运动员发生骨折后，出现休克和大出血等危及生命的并发症时，应立即抢救和止血，给予伤员较强的止痛药物，平卧保暖，针刺人中等。

（4）在固定好伤肢后，还要对其采取保暖措施，并检查固定是否牢靠。四肢固定时要观察肢端是否麻木、发冷、疼痛、苍白或者青紫，如出现这些情况则说明包扎过紧，需要进行适当放松。

第七章　校园足球竞赛组织与规则

第一节　校园足球比赛的组织工作

一、校园足球比赛的组织工作

2019 年，中共中央、国务院发布的《关于深化教育教学改革全面提高义务教育质量的意见》中强调要大力发展校园足球，并且明确提出，要将体育科目纳入高中阶段学校考试招生录取积分科目。

（一）指导思想

为了进一步落实和贯彻国家的相关政策，推动和开展校园足球的训练活动和比赛，提升学生的体育素质，学校要扮演好组织者、领导者的角色，大力组织和开展与校园足球相关的比赛活动。

学校在组织开展校园足球比赛时，要把发展校园足球作为学生素质教育的重要举措以及提升学生体育能力的突破口，要充分发挥校园足球育人的功能，促进青少年的身心健康全面发展，以实现全民体育的最终目标。

（二）工作方针

学校应从全局出发，以学校的实际情况为依据，成立专门的校园足球工作领导小组，小组成员须包括但不限于组长、副组长、裁判组、宣传组、后勤组和医疗组，坚持由学校领导班子成员参加领导小组，相关年级和科室领导要通力合作，做好校园足球的领导工作，为校园足球活动的顺利开展提供人力、物力等方面的保障。

（三）实施步骤

在学年开始前，校园足球工作领导小组要召开小组成员会，制定当年的校园足球课程实施方案，同时还要以班级为单位，宣传与校园足球相关的内容，并组织学生学习相关知识，鼓励学生积极参与到校园足球活动中去。同时，学校还要组织体育教师和相关教职工参与足球和裁判相关知识的培训，这一举措不仅有助于校园足球活动的顺利开展，同时也有助于丰富相关教师的资历。

前期准备工作做好以后，就进入了校园足球比赛正式开展阶段，在此阶段中，要做好比赛的组织工作以及每一场比赛的赛前准备工作，宣传部门要在球场边悬挂相关条幅，以营造比赛氛围，起到一定的宣传作用。另外还要注意在赛中和赛后做好宣发工作。

（四）职责分工

在校园足球活动中，校园足球工作领导小组主要扮演领导者的角色，其中组长、副组长负责校园足球的总体工作，裁判组负责制定校园足球比赛中的竞技规则以及学生裁判的培训工作，宣传组负责赛前赛后的宣传和发布工作，同时还负责校园足球赞助事宜的商谈，后勤组负责协调各年级的配合工作以及比赛中的后勤保障工作，医疗组则需要为比赛中受伤的球员提供医疗服务以及球队日常训练所需的药品。

（五）校园足球比赛的相关理论

我国校园足球比赛的组织要遵循三个原则，即科学性原则、适应性原则以及可行性原则。科学性原则是指举办校园足球比赛应以科学的思想为指导，将科学的运动竞赛学、教育学等相关体育学科理论与实际相结合，要符合校园足球的发展规律，不能为了学习足球知识或培养足球技能而强制所有的学生都参与到活动中，应在符合学校的实际情况以及学生身体素质的前提下科学合理地组织校园足球比赛等相关活动。适应性原则是指应与社会的发展相适应，要紧跟社会发展脚步，多向国外成熟的校园足球组织进行学习和借鉴，当然也要与中国国情相结合，建立一套符合我国实际情况的校园足球模式。可行性原则要求在校园足球比赛开展之前，考虑是否有足够的比赛场地，是否有相匹配的师资力量，是否具备一定足球知识的学生，只有在各方面条件都允许的情况下才可能顺利实现校园足球建设的目标。

校园足球开展的总目标应将培养学生对足球的兴趣作为主要目标，使学生通过参与校园足球活动来提升自身的身体素质，培养团队合作能力和意志力，同时还能丰富学生与足球相关的理论知识，从而培养出一批又一批高素质的体育人才。

（六）我国校园足球比赛的现状

2020 年，教育部就全国青少年校园足球五年来的发展情况和工作部署召开了发布会，在发布会上表示，全国符合校园足球开展条件的学校已经超过 27000 所，经过多年的努力，全国青少年校园足球工作已经取得了显著成效。同时，所有开展校园足球的城市也都初步形成了各自的校园足球比赛模式，全国青少年校园足球办公室也建立了检查评估机制，并邀请了校园足球方面的专家，对各省市开展的校园足球情况进行了实地考察，经考察发现，超过 95% 的城市所开展的比赛都可以按照赛程的规定来完成。

教练员和裁判员也是校园足球的重要参与者，教练员在校园足球中扮演着极为重要的角色，除了是队员在比赛时的指挥家以外，还是场下队员训练时的指导者，但是目前我国校园足球中担任教练员的一般是本校有经验的体育老师，相关足球比赛和训练的经验较少，缺乏专业技能的培训，甚至很大一部分业余球队的教练都是本校的学生；而裁判员则是比赛场上节奏的掌控者，他不仅会影响比赛的连续性，还要承担保障球员身体健康的职责，裁判员同教练员一样，都是我国校园足球比赛中十分稀缺的角色，大多数比赛中的裁判员也是由简单学习了裁判知识的本校体育老师或学生充当的。

目前校园足球的场地情况是，所有开展校园足球的学校均可以保证至少有一个标准足球场大小的人工草皮足球场或较小一点的人工草皮足球场，而少数经济条件较好的学校则有天然草皮制成的足球场。

现阶段就校园足球的开展情况来看，我国已建立了全国青少年校园足球办公室这一较为成熟的组织机构，它以国家领导、制定和颁布的相关政策文件等作为实施方案，同时还针对青少年制订了夏令营培训计划，通过相关政策的制定和活动的有序推进，目前已经取得了不俗的成绩，真正扩大了校园足球的开展范围。在财政方面，体育总局每年都会从体彩公益资金中拨出固定金额用于协助开展校园足球活动，不过目前的财政资金并不能支持全国范围内所有校园足球活动的开展，因此，各地学校仍需建立多元化的资金投入模式，这些资金不仅可以作为球员、教练员和裁判员等相关人员的培训经费，也可以为校园足球活动的开展提供更为优质且完善的比赛场地。

（七）我国教练员队伍建设

1. 教练员队伍培养影响因素

（1）社会认知与自我认同。社会认知是指一个人生存在社会之中，社会对其个人身份的认知情况，也就是个人的价值体现。就校园足球教练而言，可以研究其社会认知度，通过薪酬待遇、培训机会、发展空间相关政策等指标来衡量。社会教练处于体育教师与职业教练的交叉点。因此，社会认知仍需进一步发展，使校园教练员能够获得更多的社会认同感。

教练员的自我认同，可通过其对自身价值的认知与感受来进一步分析。社会认同感较高的教练员在生活与工作中始终秉承着乐观积极的态度，高自尊，高自信，做事独立自主，有着严谨的职业规划。自我认同感低的教练员，通常表现为专业知识不足，缺乏长远的规划，同时对工作的热情度较低。

（2）教练员培训体系。现代足球不断前进，教练员的指导与培训体系也需不断更新换代。在校园足球活动中，足球教师主要肩负着普及足球运动、启迪学生的职能，足球教练员则肩负着培养青少年足球新力量的任务。因此，青少年足球水平的高低在一定程度上取决于足球教练员的专业水平，作为校园教练员，就必须不断发展自我潜能，提高自身专业水平。

现有的校园足球教练员培训活动主要分为青少年校园足球国家级培训和中国足协教练员培训班。这两种培训形式均属于阶段性培训活动，并在培训结束后开展考核，考核通过后发放相应证书。此种教练员培训模式可以增强教练员与时俱进的发展意识，但是难以兼顾后续培训活动的考察，因此需要教练员有较强的自我约束力和自我学习的意识。

2. 教练员队伍培养路径

（1）适当增加女性教练员人数。相比男性足球教练员，女性足球教练员具有细腻的情感、温和的性情以及亲和的态度。女性教练员可以更好地引导学生，激发学习足球运动的兴趣，因为女性教练员的亲和度高于男性教练员，在一定程度上也有助于提高足球训练的效率。

为推动我国女足的长远发展，培养更多的女性教练员，助推女子足球的建设。从女性角度加强对运动员的理解，在生活训练学习各个方面更细致地照顾学生。

（2）优化校园足球教练员人员结构。教育部与体育部门通力合作，优化校园足球教练员结构。首先，体育部门必须配合教育部门为退役足球运动员与学校之间形成合作联系。当足球运动员退役后，在其有成为足球教练员的发展意向前提下，体育部门与校园合作，组织退役足球运动员接受教练员培训，并为其颁发教练员资格证书，再将其推荐给有教练需求的院校。一方面，可以有效解决校园足球教练员人数不足的问题，另一方面，也为足球运动员退役后的就业问题开辟新发展道路，促进双方共赢，共同发展。这不仅有利于校园足球专业化发展，同时也为足球运动员开辟了一条新的就业道路。

由于校外足球培训机构直接面向市场检验，因此，校外足球培训机构相较于校内足球培训活动，无论是师资力量、专业发展水平还是实践经验均优于学校。因此，教育部和体育部可以为校内与校外足球培训机构牵线，使双方达成友好合作。学校提供培训练习的场地、生源以及相应的运动器材。校外培训机构则需提供专业性高、富有经验的教练员负责开展专业培训。双方协作配合，共同提升校园足球活动发展。

（3）提升足球教练员的专业水平。教练员专业水平的高低在很大程度上影响着校园足球活动训练质量的水平和校园足球参与比赛的最终成绩。因此，足球知识匮乏、只会纸上谈兵且没有操作经验的教练员，无法有效促进校园足球活动的良性开展，校园足球教练员的专业技术水平会对本校足球事业的发展高度产生制约。教育局除去定期培训校园足球教练员之外，也可以鼓励校园足球教练员与校外足球机构达成合作，从而提升教练员的专业化水平，优化足球教师队伍结构。

二、我国校园足球体系建设

（一）体系建设目标

教育部等七个部门于 2020 年发布了关于《全国青少年校园足球八大体系建设行动计划》的通知，该计划为校园足球的建设和完善提供了重要的指导思想，以加快推进校园足球工作的体系化和现代化建设。

该计划的总体要求分为重大意义、指导思想、基本原则以及工作目标四个部分。其中重大意义指出，校园足球的发展是党中央、国务院针对落实立德树人根本任务的育人工程所做出的重大战略决策部署，不仅可以提高中国足球在人民群众中的重视程度，也是全面推进素质教育改革的重大工程，能够弘扬社会主义核心价值观，培养学生团队思想和集体主义精神，锻炼学生的身体素质。指导思想则是习近平新时代中国特色社会主义思想，贯彻党中央十九大精神，把校园足球的建设作为建设体育强国的重要措施。基本原则是坚持立德树人、改革创新、遵循规律、依法治理、问题导向和统筹协调原则，做到科学谋划、有序推进、持续用力、久久为功。工作目标是到 2022 年，全国应该建立一套完善的校园租期活动方案，使队员、教练员、裁判员、场地及活动计划得到全面的提升。

通过党中央和国务院的决策部署，在 2022 年底之前，我国校园足球体系建设应该实现八大目标，如图 7-1 所示。

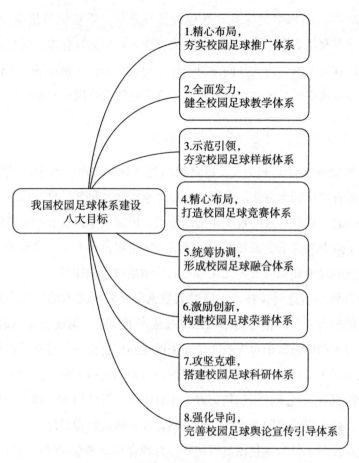

图 7-1　我国校园足球体系建设八大目标

1. 精心布局，夯实校园足球推广体系

全国青少年校园足球办公室应该加强对地方校园足球比赛的组织与管理，持续普及校园足球的推广，并且提高各地方校园足球的水平，不断推动全国各地不同级别、不同性别的校园足球均衡持续有效发展。同时在开展普及工作时应该把重心向下移，以培养兴趣为目的开展青少年的足球启蒙教育。针对目前已形成的成熟的培养体系，校园足球工作应基于实际情况，以科学的方法制定新的发展规划。

完善校园高水平足球运动队建设指导意见，重点统筹招生、教学、训练、竞赛和比赛保障等。制定统一的青少年足球人口标准，做好运动员在校园足球与中国足协的共同注册工作。把成功的校园足球的相关体系建设方法逐步推广到其他体育项目中，最终实现体育强国的目标。

2. 全面发力，健全校园足球教学体系

在教会和学会上下功夫，推进校园足球教学改革。与中国足协共同商讨有关青少年训练方法的大纲，通过专家指导和科学的借鉴以后，努力制定出一套合理且有效的青少年训练模式，形成教学内容和教学条件相匹配、线上资源和线下资源相匹配，能够为学生提供具有丰富多彩的教学内容、健全的理论知识以及多元化形式的校园足球教学体系。

合理使用信息科技技术，通过大数据等互联网技术的使用，科学安排学生的教育教学，使学生学习足球技战术的同时，保证文化知识学习。掌握技战术和理论知识对于校园足球来说是同等重要的，运动精神和规则意识也应同步提高。校园足球的管理部门与中国足协也应共同研究、制定和完善国家资助足球教师和精英青少年教练员赴海外留学选拔、培训和考核制度，建立跟踪机制和继续培训机制。加快推进新型足球学校、足球相关专业院校和学科专业建设。以培养体育教育和足球专项师资为目标，高校足球专业学生在校期间参与校园足球训练、裁判工作并经中国足协等级教练员培训和考核、裁判员等级培训和考核，毕业时可获得相应等级教练员或裁判员资格。

3. 示范引领，打造校园足球样板体系

加快推进中国青少年足球精英人才和后备人才的培养体系建设，除了要对优秀的足球运动员进行培养以外，还应注重对裁判员的培养。各地方机构应该结合学校情况集中教育和体育相关的优质资源，配合国家指定的"满天星"训练营的建设，最终形成一套拥有高水准教练、队员、裁判

员的校园足球，学校也实现高水平教学、训练的培养模式，各地方政府也有能力组织相关竞赛并且加强对校园足球的管理。

各地方也可根据自身的实际情况建立足球夏令营这种类似的足球训练机制，组织相关有潜力的校园足球队员参加训练营的训练和竞赛，促进校园足球高水平运动员不断涌现。不断完善校园足球多元化的训练体系，促进优秀球员从校园足球向职业球员的发展和成长。

4. 严格管理，做强校园足球竞赛体系

确保以足球为特色的体育学校必须有球队可以定期组织校园足球比赛，通过校园联赛组建不同的代表队，进一步完善各级学校的校园足球比赛、选拔性竞赛和训练营。国家和地方政府也应大力支持校园足球优秀运动员的选拔，通过选拔的球员参加大学生运动会等校园足球赛事。

具有高水平足球运动队招生资格的院校，需组建男女足球队，参加全国青少年校园足球工作领导小组办公室规定的全国性比赛，实行升降级制，并逐步试行比赛成绩与高水平运动队招生计划相挂钩。推动建设各地青少年统一的联赛体系，建立校园足球竞赛管理平台，在社交平台上对各地的比赛情况进行通报，以确保想关注的人可以及时收到信息。共同发布青少年赛事赛历，积极组织符合条件的校园足球队伍参加青超联赛、女乙联赛等赛事。

在中国足协注册的在校学生参加校园足球相应组别的赛事，制定符合国情的学校学生运动员和运动队管理规范，严格管理比赛的风气和纪律，完善校园足球比赛中的规则和奖励惩罚制度，健全赛中和赛后的检查监督机制，保证裁判员在比赛中执法的公正和公平以及比赛后为有争议的判罚提供可以仲裁的机制，加强校园足球组织者、监督者、球员等所有活动参与者的基本职业操守，保障比赛公平公正的开展。

5. 统筹协调，形成校园足球融合体系

全国青少年校园足球办公室应该集合各方面的专业人才，每个人发挥所长，完善推进工作中面临的各种问题，深化体教融合。不断完善校园足球与专业足球运动员青训体系的对接工作。对于在校园足球中表现优秀的球员，应及时提供俱乐部青训实训的机会，同时加强青训教练与校园足球的结合，邀请相关青训教练作为指导老师进入校园为球员做相关指导。

积极鼓励有较好足球运动技能和水平的球员走上职业体育的道路，打通从校园足球人才向国家级足球后备人才甚至国际足球后备人才的通道。加强国际交流，搭建国内外相关足球组织、机构和部门有序参与、协同推进校园足球健康发展的格局。

6. 激励创新，构建校园足球荣誉体系

进一步调动学校、学生、家长以及地方政府、企事业单位、社会各界参与和支持校园足球的积极性。各地要结合当地的实际情况制订校园足球特色学校学生贯通培养的具体办法，进一步完善体育特长生特别是足球体育特长生的升学政策，不断疏通校园足球人才成长通道。

除了要为学生的各个方面提供保障以外，还应保障学校内的体育教师以及足球教练在个人的晋升和薪资方面的合理诉求，建立和完善教师和教练工资标准和绩效考核方法。全国青少年校园足球办公室在每年年底应该总结本年度的校园足球工作，对相关政府、组织、企业和个人为校园足球发展做出的突出贡献进行评定，而对于教师和教练在个人发展和薪资发放方面也应有所倾斜。

7. 攻坚克难，搭建校园足球科研体系

强化学科交叉融合，围绕校园足球关键领域和重点环节，培育一批功底扎实、专业性强的校园足球专家。积极吸纳社会力量，构建政府主导、社会有序参与的校园足球发展平台，围绕青少年校园足球发展的重点问题和关键流程设立专门的研究小组，形成一套完善的校园足球科研体系。

8. 强化导向，完善校园足球舆论宣传引导体系

加强校园足球信息化平台的建设，依托新媒体平台，为全国校园足球的参与者提供相关的理论指导和其他相关的知识。各省级校园足球工作领导小组办公室要积极与当地相关专业院校或机构合作，共建校园足球新媒体工作站，共同构建层级分明、职责清晰的全媒体矩阵；与宣传主管部门和新闻媒体建立及时、有效的沟通渠道，主动回应社会各方面对校园足球的关切和建议。

（二）保障措施

1. 加强组织领导

强化全国青少年校园足球办公室作为统筹协调的作用，形成科学高效的校园足球治理体系，推进各级政府和相关部门落实落细校园足球政策。各级校园足球参与者要制定相应的工作制度，强化统筹指导，探索校园足球在相关支持方面的多种投入方式，鼓励各地方政府在校园足球方面加强支持力度。

2. 健全考核评价

健全全国校园足球工作考核评价机制，全国青少年校园足球办公室要发挥校园足球活动指挥者的作用，地方参与者也要增强校园足球的监督和管理，加强调研和检查，充分调动和激发各地抓实抓好校园足球工作的积极性。

3. 完善保障机制

各地相关部门要完善校内外足球运动安全管理制度，落实相关责任人的安全责任制度，加强运动风险教育，提高安全意识和风险防范能力，

探索建立涵盖体育意外伤害的学生综合保险机制，引导社会力量加入其中来支持校园足球的发展，加强足球场地、设施的维护和管理，支持基础性、公益性足球场地设施建设。

4. 健全统计机制

加强校园足球场地设施数据收集汇总工作，全面准确掌握校园足球场地数量、类型、分布等基本情况，切实加强动态调整、确保数据准确。

第二节　校园足球比赛的编排方法

校园足球的开展应该以学校为单位组织自己的足球队，保证球队人数在 17 人以上，包含 11 名正式上场球员和 6 名替补球员，同时，学校应根据学生的课余时间合理安排球队训练。而比赛也应选在不影响学生正常学习生活的时间举办，一般选在中午、傍晚或周末进行。

比赛形式可分为联赛、杯赛、超级赛等多种形式，联赛和杯赛由全部球队参加，上下学年分别举办，超级赛则是由联赛和杯赛中前八的队伍参加。对于夺得冠亚季军的队伍，校园足球比赛的组织者应该准备相应的奖励，而比赛的形式可以分为循环制、淘汰制和混合制，可根据不同的特点选择合适的比赛形式。一般联赛使用循环制，杯赛使用淘汰制，超级赛则使用混合制。

一、循环制

（一）循环制的基本概念

循环制分为单循环和双循环两种。单循环顾名思义就是参加比赛的全部球队以循环的形式分别与其他球队各单次进行一次比赛，胜者球队积 3 分，平局两队各积 1 分，输者不积分，最后各球队按照积分情况排定名次。双循环则是参加的球队与其他球队各进行比赛两次，即进行两轮单次循环，最后按照各队的积分情况排定名次。

（二）循环制的特点

循环制的特点是比赛场次多，观赏性较强，最终冠军的悬念性较强，各支球队可以在赛程中期及时调整，通过与各球队的比赛，丰富自己的战术和经验，有利于促进球队的共同进步，能够相对真实地反映各球队的水平。

（三）循环制的编排方法

单循环赛对于各支球队来说比赛场次为所有球队数减一，所以在编排时可以选择抽签轮转的方式，以表格的形式制定赛程统计表，所有球队通过抽签的方式选取各自的号码，若参加球队的总数为单数，则增添一个0号，表示第一轮轮空球队，后续轮空球队以此类推，通过表格方式设定比赛轮次。轮次排出之后，还应明确各参赛队的代表号码数，然后编写比赛日程表。

决定参赛代表号码数的方法一般有两种：抽签法和直排法。抽签法就是各队代表一起抽签，通过随机的方式安排本赛季的赛程，这样做保证每个赛季的赛程不会重复；直排法则是根据各队名称直接排列赛程，这样做的好处是省时又省力，不足之处是赛程相对较为单一。

双循环赛的编排方法相同，各队比赛场次为所有球队数减一的差的两倍，在编排时同样通过上述方式进行编排，在第二轮循环赛时可以再次通过抽签的方式确定赛程，也可以通过与第一轮相同的赛程来安排第二轮的比赛，但为了避免偶然性一般不选用此方法。

（四）循环制比赛的计分方法

各支球队每队胜一场得3分，平一场得1分，负一场不得分。最终以全部比赛结束时各队积分的多少决定最终排名，按照积分名次确定冠军归属。

如果最后全部比赛结束时有两队或两队以上的积分出现相等的情况，则按照下列依据再确定这些球队的名次顺序，如图 7-2 所示。

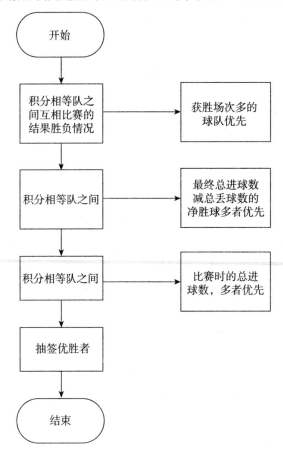

图 7-2　积分相等队伍决定名次流程

当最终成绩出来后制作成绩表，以便后续的保存和查证。

二、淘汰制

淘汰赛制主要是单轮淘汰制，双轮淘汰制和主客场双轮淘汰制在校园足球比赛中一般不适用。单轮淘汰制要求一旦在比赛中失败则会立即被淘汰，只有胜利才可以晋级下一轮，淘汰赛的好处在于各支球队在每次比赛中必须拿出较高的竞技水准，对观众来说比赛的观赏性较强，对球队来说则可以保证较高的竞技水准。

（一）淘汰制的特点

单淘汰比赛对参赛队伍努力争取胜利具有很好的促进作用，因为各支球队每一场比赛一旦输球，都面临着被淘汰的风险，所以在比赛过程中，对球员的技术水平以及球队的战术水平有着比较高的要求。每场比赛都需要球队集中注意力争取获胜，因此可以说每一场比赛都是十分精彩的。这种方法一般用于参加比赛的队伍较多、场地较少且比赛时间有限的情况。缺点是有些球队参赛场次少，实践锻炼机会就少，不利于互相学习。所以在采取单淘汰赛的编排时，一般搭配其他比赛的编排，以保证各球队通过参加比赛可以得到的训练机会是大致相同的。

（二）淘汰制的编排方法

单淘汰比赛的总场数为所有参加比赛的队伍数量减一，而各队的比赛场数视实际情况有所不同。

如果参加队伍数量正好符合第一轮各支球队都有对手的情况，则正常通过抽签决定两个半区，同时抽取第一轮的对手，根据半区规则晋级的队伍之间进行第二轮比赛，以此类推，最后两个半区的第一名进行最后的总决赛，通过总决赛决定冠军的归属；如果各自半区在某一轮晋级球队为奇数个，则无法在自己半区内有竞争对手，则此轮轮空直接晋级下一轮比赛。

如果参加比赛的队伍不符合在第一轮有对手的情况，此时上一赛季的冠军球队作为种子球队，此轮轮空自动晋级下一轮比赛。

单淘汰赛编排要注意的是设立种子球队，即可以选定上一赛季的前几名作为本赛季的种子球队，并把种子队合理地分别排入各个不同的区内，使他们最后相遇，这样在比赛中产生的名次较为合理，这样做的目的是避免实力较强的队在第一轮比赛相遇而过早被淘汰，保证比赛结果的真实性。而淘汰赛因为不采用积分制，在常规时间内比赛双方未分出胜负时，则立即采取点球大战的方式决出胜负，即双方各选出五名球员轮番进行点球比拼，最终按照五轮点球的胜负决定本场比赛的胜者；如果五轮未决出则继续进行五轮点球，此时采用突然死亡制，即同一轮点球中若出现胜负立即判定胜者。

（三）附加赛

附加赛是采用淘汰制的情况下，除了要决出冠亚军队外，还要确定三四名球队而采用的方法。运用附加赛决定名次的办法应在竞赛规程中规定。例如 16 支球队参加比赛，附加赛办法是在半决赛中失败的两个队比赛一场，胜者为第 3 名，负者为第 4 名。

三、混合制

（一）混合制的基本概念

混合制是在一轮比赛的编排中分为两部分进行，第一部分是先采取循环制，后一部分采取淘汰制。例如国际比赛中的欧洲冠军杯和世界杯的比赛形式就是混合制，各支球队分为多个小组，先在组内进行循环制比赛，再选取各小组的前两名进行淘汰制比赛，最终决出冠军。在上述编排的校园足球比赛中，由于淘汰制时间较短，可以在之后举办的超级赛中由上赛季联赛和杯赛前八的队伍参加，采用混合制的比赛编排方式，如果联赛和杯赛前八名队伍中有重复的球队则在联赛中顺延参加。

（二）混合制的特点

混合制比赛综合了循环制赛制和淘汰制赛制的优点，同时也弥补了两者的不足之处，较为全面地保证了比赛的竞技性和观赏性。混合制比赛不仅有利于参加比赛的队伍之间互相学习，增进自己队伍的战术和配合度，也较大程度地避免了比赛的偶然性，从而体现各个球队的真实水平，最终的比赛排名也较为合理、真实和客观；同时，随着比赛进入淘汰赛阶段后，观赏性也逐步提高。

（三）混合制编排方法

在循环赛的阶段，首先由上赛季联赛和杯赛前八名的队伍，按照联赛第一、杯赛第一、联赛第二、杯赛第二的顺序进行抽签，然后将其分为四个小组，当联赛和杯赛有队伍出现重复时，优先由联赛第九名队伍递补，分组完成后各小组进行组内双循环赛制，即每支小组的球队与同组内其他球队进行两轮比赛，按照胜者积 3 分，平局积 1 分，输者不积分的规则，在组内进行积分排名，最终按照组内积分前两名进入淘汰赛阶段，组内剩余两支球队则淘汰。

而进入淘汰赛阶段后，晋级的八支球队再次进行抽签，分为两个半区进行淘汰赛阶段，抽签顺序为各小组第一先进行抽签，然后小组第二再进行抽签，抽签规则为各小组第一不可以在淘汰赛第一轮相遇，同时小组第一不可以与本小组第二在第一轮相遇。根据抽签结果进行单轮淘汰制进行比赛，第一轮结束后，各半区晋级的球队进行半决赛，半决赛获胜的队伍进入决赛，失败的队伍进入季军争夺战，为保证比赛的观赏性，季军争夺战应该在决赛前举行，最终按照淘汰赛结果决出冠、亚、季军。

混合制比赛需要注意的是，在循环赛阶段如果出现积分相同的情况，适用联赛积分相同的办法对其进行排名。淘汰赛阶段，常规时间内未决出胜负时，也同样适用点球大战的方式进行本场比赛的胜者角逐。

第三节　校园足球竞赛规则简介

一、赛前规则

比赛应要求各学院参赛队员穿布面胶底足球鞋或 TF 底皮足球鞋（碎丁足球鞋），参赛前各学院须统一队服并在首轮比赛前将队服样式、球员姓名以及编号上报比赛裁判组，队服要求为门将队服颜色不得与双方比赛其他队员以及裁判员服装颜色相近，双方队员除门将外的队服颜色不能相近。上场队员必需的基本装备是：运动上衣、短裤或长运动裤、足球袜、护腿板和足球鞋。

上场前，裁判员需要检查核实所有参赛队员的校园卡和学生证，参赛双方队长在比赛前至少提前 15 分钟填写参赛队员登记表，交给本场比赛的第四官员以便审核，在开赛时裁判员应检查双方队员的服装与装备是否合格，同时检查是否佩戴或使用有可能危及自己以及其他队员的配饰等物品。

双方按照既定时间开始比赛，若因其他特殊原因导致比赛无法按期开始的，应由该队队长主动提前一天与裁判部联系，与对方商定推迟比赛时间，推迟时间最多不超过五天，如果未及时联系裁判部或推迟后仍无法进行比赛的，按照规则判定该队弃权，并以 0∶3 判负。

二、赛中规则

（一）替补规则

场上队员进行替补轮换时必须严格遵守以下规定。

（1）替补前应先由场下队员持校园卡或学生证到第四官员处进行登

记处理，待第四官员确认信息无误后由其通知场上的主裁判官员。

（2）替补队员在未得到主裁判官员示意前严禁进入比赛场地，替补队员严禁在被替换球员下场前私自进入比赛场地。

（3）替补队员必须在得到主裁判官员示意之后，才可以从比赛场地中线处进入比赛，不得从其他地方随意进入比赛场地。

（4）替补队员进入比赛场地后，即完成了替补换人的全流程，而被替换下场的球员不得再次参加本场比赛。

（5）所有替补队员无论上场与否，主裁判官员均有权对其行使职权，如果存在违反规则的行为，主裁判官员有权对球员进行口头警告或出示黄牌处罚，情节特别严重的可出示红牌甚至对球员进行驱逐场地或禁赛处罚。

（6）在校园足球中，一场比赛中一支队伍最多可以使用五个换人名额。

（二）裁判判罚

裁判判罚是指主裁判员在比赛进行中对场上球员的一些违反规则的行为做出处罚，违反规则的行为一般有越位犯规等，判罚处理结果通常为口头警告、出示黄牌、出示红牌、间接任意球、直接任意球和判罚点球。

1. 越位犯规

在进攻方出球球员出脚的瞬间，在对方半场范围内，接球球员比倒数第二名防守球员距离球门更近，同时比球距离球门更近，并且试图借此位置干扰对方球员争球或以此获利、干扰比赛，这类情况即为越位犯规。在此需要对越位犯规规则做出相应的解释，方便球员或裁判的理解。

（1）因为守门员属于防守球员之一，并且通常情况下守门员处于本方防守位置的最后一位，所以边线裁判员在判断是否越位时，通常要比对后防线中最后一名球员的位置与接球球员的位置。

（2）如果接球球员未越过中线仍处在本方半场内，但已经越过了对方的倒数第二名防守球员，此时不适用于越位规则。

（3）越位球需要判断接球球员在越位位置是否有接球意图，如果接球球员处在越位位置但是明显没有接球意图，此时为了保证比赛的连贯性，裁判员不应该吹罚越位犯规。

（4）在进攻球员射门时，如果有进攻球员处在越位位置并且在射门线路上，明显干扰了守门员的防守视线，即便其没有接球意图，裁判员也应该吹罚越位犯规，因为守门员在小禁区内拥有绝对的权利。

（5）射门被球门框或场内其他物品反弹至越位位置球员后，属于越位犯规。根据规则，被物品反弹后依旧属于第一脚传球。

（6）如果球员因射门被守门员或防守队员反弹至越位位置，则不属于越位犯规。根据规则，这种情况属于二次传球。

当主裁判员的视野无法判断是否越位时，应当通过边线裁判辅助判断，而边线裁判员在发生越位犯规后，应当立即站定，并且高举边旗摇旗示意主裁判员，当主裁判员吹罚犯规后，边线裁判员停止摇旗并根据犯规地点的远近分别以半高举、平举和低举边旗的方式，告知主裁判员犯规地点。

而对于越位犯规的判罚如下：对于任何位置的越位犯规，主裁判员应判给对方在犯规发生地点踢间接任意球。间接任意球指的是任意球发球后必须经过一脚传递后才可以进行射门动作。

2. 直接任意球的判罚

裁判员认为，如果队员草率地、鲁莽地或使用过分的力量对对方球员实施如下七种犯规行为中的任意一种，将判给对方踢直接任意球。

（1）踢或企图踢对方球员等。

（2）绊摔或企图绊摔对方球员，动作目的是故意放倒对方球员。

（3）跳向对方球员，故意压向对方。

（4）故意无球阻挡对方球员。

（5）冲撞对方球员。

（6）击打或企图击打对方球员。

（7）故意推搡对方球员。

如果球员实施了下列三种犯规中的任何一种，也判给对方踢直接任意球：第一，为了得到对球的控制权而抢断对方球员时，于触球前故意以恶意动作触及对方球员；第二，动作过大，拉扯对方球员或对方球员球衣；第三，故意手球（不包括守门员在本方禁区内）。

其中故意手球是指故意用手臂或手部干扰和改变球的运动方向，以从中获利；如果面对来球来不及躲闪或是手部作为身体支点无法躲避，主裁判员可以视情况做出相应的判断。

而直接任意球可以在发球后直接选择射门。在判罚直接任意球的同时也可以根据球员犯规的程度，针对犯规球员做出口头警告、黄牌警告或红牌罚下等不同的判罚。

3. 判罚点球

如果防守球员在本方禁区区域内，做出了上述十种犯规行为中的任意一种，主裁判员可以判罚点球，并且可以根据犯规行为给出口头警告、出示黄牌或红牌的进一步判罚。

在罚点球过程中，边线裁判员应当帮助主裁判员观察守门员的移动，在罚球队员触球前，守门员不可以双脚同时离开球门线，而其他队员也不可以在罚球队员触球前进入禁区范围内。如果出现上述情况，主裁判员有权判罚重新罚点球。

4. 可警告的犯规

如果队员做出下列犯规中的任何一种，同样也将被警告并被出示黄牌。

（1）犯有非体育道德的行为。

（2）以语言或行动表示对主裁判员判罚异议的。

（3）短时间内连续两次或多次违反规则的。

（4）故意拖延时间或延误比赛重新开始的。

（5）未得到主裁判员允许，进入或重新进入比赛场地的。

（6）未得到主裁判员允许，故意提前离开比赛场地的。

其中短时间内持续违反规则的行为是指主裁判员为了保证比赛的连续性，在防守球员犯规但并不影响比赛进程时，可以选择进攻有利的原则，不吹停比赛，保证进攻的连续性，并在后续比赛中断后重新补上对刚才犯规行为的判罚，但是如果同一名球员在进攻有利后继续犯规的，主裁判员可以选择吹停比赛，对所有犯规行为共同做出判罚。

当某名球员在同一系列的比赛中累计获得三张黄牌时，则自动禁赛一场（两张黄牌变一张红牌不计入其中），当禁赛结束后累计黄牌数清零。所有比赛不允许铲球，当运动员在对方球员控制范围内时进行铲球，裁判员应出示黄牌警告，严重者裁判员可直接出示红牌。

5. 罚出场的犯规

如果队员做出下列犯规行为中的任何一种，同样也可以被罚令出场并被出示红牌，同时在赛后接受禁赛处罚。

（1）严重犯规行为。

（2）暴力行为，包括但不限于打架、故意挑衅和激怒对手等，出示红牌并罚令出场的同时禁赛两场，并扣除其队伍积分。

（3）向对手或其他任何人做出不礼貌的行为，包括但不限于吐口水、做出侮辱性的手势等，出示红牌罚令出场的同时禁赛两场。

（4）用手故意触碰足球以达到破坏对方的进球或明显可能的进球得分机会为目的的行为（不包括守门员在本方禁区内）。

（5）使用无礼的、侮辱的或辱骂性的语言及动作。对于情节严重者，还需追加禁赛处罚。

（6）同一名球员在一场比赛中被出示两张黄牌警告。

（7）辱骂裁判，则该队员必须被红牌罚下场并且追加禁赛三场的处罚，情节恶劣的可以后续再追加处罚。

（8）如果场上发生两队集体打架事件，主裁判员和边线裁判员应先确保自身安全，并将发起冲突的球员记录下来，等到后续安全后对球员做出红牌判罚并追加禁赛三场的处罚；双方球队均按判负处理，同时扣除相应联赛积分。如果一支球队在一场比赛中被红牌罚下三人，则该队立即被判0：3告负；获得红牌的球员至少禁赛一场。

（9）后续判罚：当主裁判员在比赛中做出任何判罚后，第四官员应该在场边做好比赛记录，记录判罚类型和被罚球员，并在赛后将判罚处理相关情况和理由以文字的形式记在比赛记录中。

参考文献

[1] 国家体委.足球教学训练大纲[M].北京：科学普及出版社，1991.

[2] 沈国征，时卫东，吴剑，等.现代足球教学与训练游戏[M].北京：中国科学技术出版社，2004.

[3] 广州体育学院足球教研室.新编足球教学与训练[M].广州：广东高等教育出版社，2019.

[4] 于天博，纪磊，周勇.校园足球教学方法与必要性的研究[M].北京：中国纺织出版社，2019.

[5] 文智.足球教学训练实践[M].北京：光明日报出版社，2016.

[6] 冯涛.足球教学设计与训练实践研究[M].长春：吉林大学出版社，2018.

[7] 姜全林.中小学体育教师校园足球教学能力培训教材[M].杭州：浙江大学出版社，2017.

[8] 陈兵.高校足球教学实践与创新发展研究[M].北京：北京希望电子出版社，2015.

[9] 国家体委.足球教学训练大纲教法指导书[M].北京：科学普及出版社，1991.

[10] 刘杰.足球运动教学与训练探索[M].北京：现代出版社，2019.

[11] 文玉超，蔡正杰，沈寅豪.高校足球理论教学与实践训练[M].北京：研

究出版社，2020.

[12] 岳抑波，杨喻程.高校足球运动的教学设计与训练研究 [M].北京：北京工业大学出版社，2018.

[13] 吕健力.校园足球游戏课教学设计下 [M].石家庄：河北教育出版社，2017.

[14] 张洪雨.建绿色生态校园，促学生健康成长：东营经济技术开发区东凯实验学校资源节约型校园建设纪实 [J].环境教育，2022（4）：104.

[15] 李权峰，陈海鸥，江锦玲.风险管理视角下高校足球运动风险应对研究 [J].武术研究，2022，7（4）：138-140.

[16] 孙楚，刘津池，郭兆霞.体教融合：青少年校园足球赛事的教育价值探析 [J].体育科技文献通报，2022，30（4）：150-153，157.

[17] 罗冲，龚波，冀杨，等.重塑我国足球青训支持体系的底层逻辑：基于国际足联调研的定性比较分析 [J].上海体育学院学报，2022，46（4）：85-95.

[18] 李再盛.日韩足球文化发展对中国的启示 [J].当代体育科技，2022，12（11）：128-132.

[19] 胡翔.对法国蒙彼利埃青少年业余足球俱乐部模式的研究 [J].当代体育科技，2022，12（11）：1-4.

[20] 戴远辉.全优教育 知行合一：广东省清远市第一中学办学情况简介 [J].中学政治教学参考，2022（13）：2.

[21] 高林，王帅.足球教学对学生身心健康的影响研究：以北京中医药大学为例 [J].中医教育，2022，41（2）：76-81.

[22] 林金标.青少年校园足球运动损伤与预防策略：以福建省为例 [J].体育科学研究，2022，26（2）：78-82，87.

[23] 丁飞，董亚琦.中日青少年足球人才培养体系比较及启示 [J].四川体育科学，2022，41（2）：20-24.

[24] 景欣.校园足球对青少年体质健康影响机理的深入剖析 [J].赤峰学院学报（自然科学版），2022，38（3）：43-48.

[25] 杨媛媛.把生态文明种子播撒在校园每一个角落：长沙市雨花区长塘里阳光小学生态文明教育纪实 [J]. 环境教育，2022（Z1）：111.

[26] 王尚彬.足球运动中青少年的决策能力研究 [J]. 当代体育科技，2022，12（9）：182–185.

[27] 方宏.我国校园足球特色学校持续发展研究 [J]. 内江科技，2022，43（3）：147–148.

[28] 姚淑君，马起率，刘超，等.校园足球：培养学生的"五力" [J]. 青少年体育，2022（3）：55–56.

[29] 邓淑红.刍议积极心理学视野下校园足球教师心理品质培养 [J]. 青少年体育，2022（3）：59–61.

[30] 钟南.高职院校足球运动体系的框架构建研究 [J]. 青少年体育，2022（3）：62–63.

[31] 王厦羿，秦毅.足球运动对超重、肥胖儿童和青少年体质与健康影响的系统综述 [J]. 体育科技文献通报，2022，30（3）：107–111.

[32] 黄坚.基于校园足球的初中体育训练探究 [J]. 科学咨询（教育科研），2022（3）：171–173.

[33] 邹美文，杨建娣."乐练赛"理念指导下小学校园足球颠球教学实践与思考 [J]. 科学咨询（教育科研），2022（3）：255–257.

[34] 张祥府，孙晋海，代刚.共同体视域下我国青少年竞技体育后备人才培养的历史演进、逻辑理路与展望 [J]. 成都体育学院学报，2022，48（2）：138–142.

[35] 和永杰.地方高校足球学院发展的困境及对策研究：以丽江师专足球学院建设为例 [J]. 鄂州大学学报，2022，29（2）：93–95.

[36] 周洁.校园足球视域下小学足球校队学生能力培养模式研究 [J]. 当代体育科技，2022，12（8）：138–140.

[37] 张鑫淼，曹大伟.我国校园足球研究的现实考察、理性分析和前景探赜 [J]. 淮北师范大学学报（自然科学版），2022，43（1）：74–79.

[38] 吴祥.校园足球的浸润式体教融合新模式 [J]. 中国教育学刊，2022（3）：

107.

[39] 王以伦，秋鸣 . 国内足球运动伤害相关保险现状与发展研究 [J]. 当代体育科技，2022，12（7）：149-154.

[40] 张韵婷 . 新时代地方课程教材的编写要义探析——以《校园足球1+1》（广东版）为例 [J]. 传播与版权，2022（3）：26-28.

[41] 闫召 . 校园足球体能训练：训练大周期路径探析 [J]. 田径，2022（3）：26-27.

[42] 王志伟，王乙 . 校园足球人才培养体系的建构逻辑与实践策略 [J]. 山东体育科技，2022，44（1）：43-49.

[43] 许广杰 .2010—2020 基于 Cite Space 计量的我国校园足球研究热点与前沿分析 [J]. 青少年体育，2022（2）：50-52.

[44] 罗运玮 . 江苏特色青少年足球赛事发展模式及路径优化 [J]. 内江科技，2022，43（2）：111-113.

[45] 赵利 . 校园足球推进下青少年体质健康指标的构建及促进策略研究 [J]. 青少年体育，2022（2）：46-47.

[46] 金山 . 体教融合背景下德国业余足球俱乐部进校园的经验及启示 [J]. 青少年体育，2022（2）：53-55，38.

[47] 陈雷 . 国外青少年足球训练理念及启示 [J]. 当代体育科技，2022，12（6）：63-66，72.

[48] 任婷，周平 . 近 10 年我国校园足球研究进展 [J]. 当代体育科技，2022，12（6）：80-83.

[49] 袁鑫，庄镇声，王金娟 . 大连市校园足球活动发展瓶颈及其对策研究 [J]. 当代体育科技，2022，12（6）：192-195.

[50] 李根 . 足球的产业化经济发展及校园足球建设研究 [J]. 中国市场，2022（6）：54-55.

[51] 王德鸣，胡好 . 当前安徽省青少年足球发展问题与对策 [J]. 宿州学院学报，2022，37（2）：56-59.

[52] 张碧昊，李卫东，胡洋，等 . 我国校园足球试点县（区）建设：现状

审思与未来路径：基于全国 55 个县（区）的调查分析 [J]. 体育科学，2022，42（2）：39-50.

[53] 郭振，王松，钟玉姣，等. 新时代体育强国的诉求：体教融合的概念、价值与思考 [J]. 体育科学，2022，42（2）：21-29.

[54] 张沛锋，查锋，周朝活. 广州市荔湾区中小学校园足球区域建设与长效发展研究 [J]. 运动精品，2022，41（2）：1-2，5.

[55] 黑金军. 浅析新时代背景下校园足球竞赛体系的现状与发展路径 [J]. 运动精品，2022，41（2）：15-16，19.

[56] 孙振天. 厦门二中"校园足球"成功经验与启示研究 [J]. 运动精品，2022，41（2）：38-40.

[57] 姚以旺，熊辉. 湖北省校园足球夏令营球员技术能力研究：以 2021 年湖北省校园足球夏令营初中组为例 [J]. 体育科技文献通报，2022，30（2）：202-204，232.

[58] 史子禾. 我国学校体育学领域研究热点问题分析：基于 CNKI（2010—2019）数据的可视化 [J]. 当代体育科技，2022，12（5）：173-178.

[59] 黄晨，骆亚锋. 新时代校园足球人才培养分析 [J]. 当代体育科技，2022，12（5）：132-135.

[60] 张明辉."教体结合"视域下湖南省青少年校园足球可持续发展研究 [J]. 当代体育科技，2022，12（5）：160-162.

[61] 吴焱军，许剑，曾秀霞. 体育强国背景下的高校足球教学与发展探讨 [J]. 当代体育科技，2022，12（5）：195-198.

[62] 李跃，赵响. 我国校园足球改革试验区资源配置效率评价及优化策略 [J]. 吉林体育学院学报，2022，38（1）：68-76.

[63] 李通. 高校大学生"校园足球"的育人功能研究 [J]. 当代体育科技，2022，12（4）：116-119.

[64] 耿家先，李丰荣，龚波，等. 校园足球教师职业认同的影响因素与优化路径 [J]. 湖州师范学院学报，2021，43（12）：56-62.

[65] 许章元，张悦虹. 厦门高中足球运动员文化学习与生涯规划研究 [J]. 体

育科学研究，2022，26（1）：81-92.

[66] 赵毅.《民法典》施行背景下足球伤害法律适用的新发展 [J]. 上海体育学院学报，2022，46（2）：1-13.

[67] 王阳，代忠宇，康冶. 青少年业余足球俱乐部与校园足球协同发展的研究：以辽宁省为例 [J]. 青少年体育，2022（1）：44-46.

[68] 赵良宇，薛强. 沂蒙精神背景下校园足球内化价值及展望 [J]. 青少年体育，2022（1）：26-28.

[69] 苗士泽. 新时代背景下校园足球教学模式规范的思考 [J]. 青少年体育，2022（1）：47-48.

[70] 孙柯正，葛德青. 弘扬生态文明，构筑绿色校园：山东省青岛市即墨区云桥小学生态文明教育纪实 [J]. 环境教育，2022（1）：92.

[71] 殷君楚. 高校足球教学大学生兴趣培养的思考 [J]. 当代体育科技，2022，12（3）：70-73.

[72] 路云亭. 中国足球改革的文化界定——强力竞技运动的游戏理性 [J]. 体育与科学，2022，43（1）：20-27，67.

[73] 马叶丹，徐亮，付全. 校园足球训练对儿童心理健康水平影响的实证研究 [J]. 沈阳体育学院学报，2022，41（1）：58-66.

[74] 赵亚男，郭蔚蔚，刘志云，等. 体教融合背景下中国青少年足球赛事体系的优化路径 [J]. 上海体育学院学报，2022，46（1）：86-92.

[75] 杜超. 湖北省城市社区足球场地设施建设发展研究 [J]. 当代体育科技，2022，12（2）：94-96.

[76] 孙伟. "体教融合" 视角下新校园足球发展困境与破解路径 [J]. 当代体育科技，2022，12（2）：151-155，162.

[77] 高翔，董新亚. 里皮辞职引发的社会情绪对校园足球影响的思考 [J]. 四川体育科学，2022，41（1）：122-125，130.

[78] 王大鹏，戴文豪，王湘怡，等. 我国校园足球政策工具有效选择的影响因素研究 [J]. 四川体育科学，2022，41（1）：104-109.

[79] 黄鑫，崔笑林，董晓冰. 大学校园足球可持续发展的顶层设计与创新路

径研究 [J]. 四川体育科学，2022，41（1）：131–134，138.

[80] 耿进. 校园足球教练员训练行为分析 [J]. 体育科技文献通报，2022，30（1）：154–156，166.

[81] 左逸帆，胡天弄. 基于区位优势理论的青少年足球发展影响因素研究 [J]. 河北体育学院学报，2022，36（1）：70–76.

[82] 王家宏，许英男，董宏. 大健康时代背景下学校体育与健康促进融合的价值意蕴与创新路径 [J]. 西安体育学院学报，2022，39（1）：1–9.

[83] 赵德宁. 管办分离背景下地方足协的发展困境与改革路向 [J]. 南京体育学院学报，2021，20（12）：21–27.

[84] 和永杰，刘松. 足球振兴战略下普通高校足球学院建设研究 [J]. 普洱学院学报，2021，37（6）：73–76.

[85] 南天涯，陈飞，文荣. 校园足球特色学校开展"1+X"课程教学模式的实践研究：以县域内某小学为案例分析 [J]. 上饶师范学院学报，2021，41（6）：115–120.

[86] 曾桂芳，樊超. 顶层设计背景下青少年校园足球文化内涵研究 [J]. 青少年体育，2021（12）：42–45.

[87] 余时平. 新时代背景下高职院校五人制足球发展改革研究 [J]. 青少年体育，2021（12）：46–48.

[88] 徐镕富，季景盛. 梅州市梅江区小学校园足球后备人才培养现状调查与分析 [J]. 内江科技，2021，42（12）：79–81.